Q&A 新会社法の定款変更手続き

弁護士
小澤和彦
Kazuhiko Ozawa

総合法令

はじめに

　昨年 6 月に新会社法が制定され、本年 5 月 1 日の施行が近づくにつれ、関心がますます高まっています。

　私も昨年解説書を 1 冊執筆したほか、講演会を行う機会が何度かありましたが、講演終了後の質疑応答や懇親会において最も多かったのは、「法制定に対応して、どのように会社を改造することができるのかをまとめて示して欲しい」、「具体的にどのような手続をすれば、会社を改造することができるのかを項目ごとに教えて欲しい」という声でした。

　会社の改造とは、要は「定款を変更すること」に他なりません。会社の定款といっても、これまではどの会社もほぼ同じ内容でしたが、新会社法では各社の実情・ニーズに合わせて、定款で様々な会社の形態を作ることが可能になりました。

　私も、そんな本が 1 冊手元にあれば確かに便利だなと思い、巷に出ている書籍を見てみますと、その多くは「こんな改正がありますよ」ということを全般的に説明するもので、具体的な会社改造の手続まで教えてくれるものではありませんでした。それが本書の執筆の動機です。

　本書は、「会社を改造しようと考えているけど、どんな改造ができるのかわからない」、「どんな改造ができるのかはわかったけれど、それをどのよう形で定款に表したらよいかわからない」、「改造のための定款変更の要件がわからない」という方のために、わかりやすく書いた本です。

　ただ、実際の定款変更に際しては、全体的な整合性の問題がありますし、一度変更するとそれを元に戻すのは容易ではありませんから、必ず専門家に相談するようにしてください。

　また、本書のタイトルは『Q&A 新会社法の定款変更手続き』としましたが、本文中ではすべて「会社法」とさせていただきました。

　最後に本書の出版にあたっては、総合法令出版のみなさまに大変お世話になりました。この場を借りて御礼申しあげます。

2006 年 4 月

小澤和彦

目次

第1章 定款一般
- Q1 定款とは……6
- Q2 定款変更手続き……8
- Q3 原始定款……10

第2章 株式
- Q4 種類株式……14
- Q5 譲渡制限付（種類）株式……18
- Q6 取得請求権付（種類）株式……20
- Q7 取得条項付（種類）株式……24
- Q8 議決権制限種類株式……28
- Q9 全部取得条項付種類株式……30
- Q10 拒否権付種類株式……32
- Q11 属人的種類株式……36
- Q12 株主名簿管理人……38
- Q13 基準日……40
- Q14 株式譲渡承認請求……42
- Q15 特定の株主からの自己株式取得……44
- Q16 相続人等に対する売渡しの請求……46
- Q17 株式分割……48
- Q18 株式無償割当……50
- Q19 端株制度廃止……52
- Q20 単元株式制度……54
- Q21 単元株式数の変更……56
- Q22 募集株式……58
- Q23 デット・エクイティ・スワップ……60
- Q24 株券不発行会社……62

第3章 株主総会
- Q25 株主総会決議事項……66

Q 26　株主による株主総会召集……68
Q 27　株主提案権……72
Q 28　株主総会検査役選任請求……74
Q 29　株主総会の議決要件……76
Q 30　株主総会の議決要件の変更……78
Q 31　種類株主総会……80
Q 32　機関設計の自由化……84

第4章　取締役

Q 33　補欠役員……88
Q 34　取締役の資格……90
Q 35　取締役の任期……92
Q 36　累積投票……94
Q 37　業務執行……96
Q 38　代表取締役……98
Q 39　株主による取締役の行為の差止……100
Q 40　内部統制システム……102

第5章　取締役会

Q 41　取締役会召集……106
Q 42　取締役会召集その2……108
Q 43　取締役会決議……110
Q 44　書面決議……112

第6章　会計参与

Q 45　会計参与の概要……116
Q 46　会計参与の取締役会出席、報酬……118

第7章　監査役・監査役会

Q 47　監査役の監査範囲限定……122
Q 48　監査役の取締役会出席、報酬……124
Q 49　監査役会の招集……126

第8章　委員会設置会社
- Q 50　委員会設置会社の概要……130
- Q 51　委員会設置会社の定款……132

第9章　役員等の損害賠償責任
- Q 52　取締役会による一部免除……136
- Q 53　責任限定契約……138

第10章　会社の計算
- Q 54　会計帳簿閲覧請求……142
- Q 55　決算公告の方法……144
- Q 56　計算書類…146
- Q 57　中間配当…148
- Q 58　準備金の減少……150
- Q 59　随時配当……152

第11章　持分会社（合同会社）
- Q 60　合同会社の概要……156
- Q 61　合同会社の原始定款……158
- Q 62　持分会社の持分譲渡……160
- Q 63　持分会社の業務執行……162
- Q 64　持分会社の社員の退社……164

第12章　会社法施行に伴う会社の取扱い
- Q 65　みなし定款規定の概要……168
- Q 66　会社法施行に伴う旧有限会社の取り扱い……170
- Q 67　株式譲渡制限会社のみなし定款……172
- Q 68　公開会社のみなし定款……174

装丁・本文デザイン：八木美枝

第 1 章
定款一般

Q01 定款とは

会社改造と定款の関係を教えてください。

A 定款とは、「会社の組織や運営に関する根本規則」のことを言います。定款は、法令に次ぐ、会社の重要な規範であり、「会社の憲法」とも言われます。

※参照条文
会社法26条～同31条、同95条～101条、同110条、同111条、同466条、同309条等

会社の規範構造

従来

会社法	定款
施行規則等	

会社法やその施行規則が一律に会社を縛り、定款での変更の余地が少なかった。

今後

会社法	定款
施行規則等	

定款で別途定められる範囲が大幅に拡大した（定款自治の強化・拡大）

第1章　定款一般

解説

　会社が円滑に運営されていくためには、決まりごと、約束ごとが必要です。

　基本的な事項については、会社法やその施行規則等が定めていますが、これらによって、会社の運営規則が一義的に決まるわけではありません。

　そもそも会社法では、そのような一義的な運営ではなく、各会社がそれぞれ自社の特性にあった決まりごとを定め、運営することを1つの基本方針としています。

　そのことから、従来とは異なり、会社法では「『定款自治』が強まった」と言われています。

　たとえば、パソコンを買ってきても、そのまま使う人はいないと思います。

　画面の大きさ、音量の大きさ、インストールされているソフトウェア、文字のフォントなど、みんな自分の使い勝手がよいように、いろいろ改造（カスタマイズ）するはずです。

　同じように、会社法における改造は、すなわち「定款の変更」です。

　第2章以降、会社法では、どのような改造が可能なのか、また、その改造のためにはどのような定款変更をすればよいのかを説明していきます。

02 定款変更手続き

定款変更はどのように行うのですか？

A 原則として、定款の変更手続は、株主総会決議によらなければなりません。

※参照条文
会社法309条2項11号、同3項、同4項、同110条、同111条、同164条2項

定款変更の要件（※特別決議、特殊決議いずれも定款で要件を変更することができる）

原則	特別決議	議決権過半数出席＆出席株主の議決権の3分の2
株式全部についての譲渡制限	特殊決議①	半数以上の株主＆当該株主の議決権の3分の2
属人的種類様式	特殊決議②	総株主の半数以上＆総株主の議決権の4分の3
取得条項付（種類）株式	株主総会によることを要しない	当該株主全員の同意
売主追加請求権排除	同上	当該株主全員の同意

解説

　定款変更手続と言っても、いきなり、書面である定款を書き換えることはできません。

　定款は会社の根本規則ですから、これに手を入れるためには、会社の所有者、すなわち株主の同意が必要です。

　原則として、定款変更は、株主総会特別決議（議決権を行使することができる株主の議決権の過半数を有する株主が出席し、その出席株主の議決権の３分の２）が必要です。

　しかし、「定款変更」と一言で言っても、その変更の内容はさまざまですから、例外的に、次のような定めがあります。

① 発行する株式全部に譲渡制限を付す等の場合（第２章５参照）……原則、議決権を行使することができる株主の半数以上で、かつ当該株主の議決権の３分の２以上の多数
② 属人的種類株式（第２章11参照）を定める場合……原則、総株主の半数以上で、かつ総株主の議決権の４分の３以上の多数
③ 取得条項（第２章７参照）を定める場合……株主全員の同意
④ 自己株式取得に際し、他の株主に売主追加請求権を与えない場合（第２章15参照）……株主全員の同意

03 原始定款

新たに会社を設立する場合の定款記載はどのようにすればよいのですか？

A 一旦定款を作成した後は、原則として、定款変更手続は、株主総会決議によらなければなりません。しかし、これから最初の定款を作成しようという場合には、発起人の好きなように定款を作成できます。

※参照条文
会社法26条～同31条

会社設立時の定款

従来
- とにかく会社を設立することを急ぐ。
- 定款は市販のものや一般的な記載例そのままで内容を特に検討しない。
- それでも、定款自治の範囲が狭いので、さほど問題ではなかった。

今後
- 会社法で定款自治の範囲が拡大された。
- 事後に議決権の関係で定款変更できなくなる可能性がある。
- 原始定款の段階から、将来を見据えた定款作成が必要となる。

第1章　定款一般

解説

　すでにお話しましたように、一旦定款を作成してしまうと、その変更には、株主総会特別決議等が必要となるため、議決権の関係で定款を変更できないというケースも考えられます。

　しかし、これから新たに会社を作り定款を定めようという場合には、発起人同士で話し合っていかようにも定めることができます。その意味で、最初の定款をどのように定めるかは、会社法の下では極めて重要です。ちなみに、最初の定款のことを「原始定款」と言います。

　第2章以下で説明する定款変更のポイントはもちろん、これから初めて定款を作ろうという方にも役立つものです。

第 2 章

株式

Q 04 種類株式

種類株式とは何ですか？

A 種類株式とは、通常の普通株式とは異なる種類の株式を言います。たとえば、配当を優先的にもらえたり、議決権が制限されていたりする株式のことです。

※参照条文
　会社法108条、同109条2項、同109条3項

　これから第2章11までは、種類株式について説明していきます。
　種類株式とは、通常の普通株式とは異なる種類の株式を言います。たとえば、配当が優先的にもらえたり、議決権が制限されていたりする株式です。
　会社法では、以下の種類株式を発行することができます。
　　①剰余金の配当
　　②残余財産の分配
　　③議決権制限
　　④譲渡制限
　　⑤取得請求権

⑥取得条項
⑦全部取得条項
⑧拒否権付種類株式（定款に基づく種類株主総会の承認）
⑨選任・解任種類株式（種類株主総会での取締役・監査役の選任。ただし、委員会設置会社と公開会社は発行不可）

　上記種類株式のうち、⑤、⑥、⑦が新会社法において新たに認められた種類株式になります。

　種類株式というのは、あくまでも、複数の種類の株式を発行している中での一部の株式として認められるものです。たとえば、会社が発行する株式のすべてを「全部取得条項付株式」とするようなことはできません。

　他方、会社法では、「④譲渡制限」、「⑤取得請求権」、「⑥取得条項」の3つの事項については、すべての株式の内容として定めることができます。

定款のサンプル

第○章　株式

（発行株式総数）

第○条　当会社の発行可能株式総数は、○○株とし、その内訳は、次のとおりとする。

　　　　普通株式　　　　○○株

　　　　　第1種種類株式　〇〇株

第〇章　種類株式
（第1種種類株式）
第〇条　当会社の発行する第1種種類株式の内容は次のとおりとし、特に定めがない点については、普通株式と同一の内容を有する。
（剰余金の配当）
第〇条　当会社は、第1種種類株式の株主に対し、他の株主に先立ち、1株につき、年2万円の剰余金の配当を行う。
（議決権）
第〇条　第1種種類株式の株主は、法令に定める場合を除き、株主総会において議決権を有しない。
（譲渡制限）
第〇条　第1種種類株式を譲渡するには、取締役会の承認を受けなければならない。

コラム：会社法のポイント1　会社法のキーワード

①会社法
　これまで会社に関する法律としては、有限会社法と商法がありましたが、有限会社法は廃止されました。そして、商法のうち、会社に関する部分を抜き出して、新たに「会社法」として整理されました。

②株式譲渡制限会社
　会社が発行する株式の全部について譲渡制限、すなわち株式の譲渡に会社の承認が必要である旨を定款に定めている会社をいいます。

③公開会社
　株式譲渡制限会社ではない会社をいいます。なお、会社が複数の種類の株式を発行しており、その一部についてのみ譲渡制限を付している会社は株式譲渡制限会社ではなく、公開会社として扱われます。

④大会社
　資本金が5億円以上または負債が200億以上の会社をいいます。

⑤会計監査人
　会社の機関の一つで、会計に関する監査を行います。公認会計士（監査法人）がこの機関に就任します。

⑥持分会社
　会社法の規制を受ける会社には、株式会社と持分会社があります。形式的には株式を発行する会社が株式会社で、そうでない会社が持分会社ですが、実質的には出資のみで業務執行には関与しない形態の会社が株式会社で、出資も業務執行も原則として行う会社を持分会社といいます。
　持分会社は、さらに、合名会社、合資会社、合同会社（LLC）の3種類に分かれます。

⑦子会社
　議決権の過半数を有する会社のみならず、その会社の財務及び事業の方針の決定を支配している会社も含まれます。

Q05 譲渡制限付（種類）株式

株式を会社にとって不都合な人に売却されるのを防ぐためにはどうしたらよいですか？

A 当該株式を譲渡するには、会社の承認を要する旨の定款の定めを置くことができます。

※参照条文
会社法2条17号、同107条1項1号、同2項1号、同108条1項4号、同条2項4号、同111条2項、同309条3項1号

会社法ではすべての株式譲渡制限を付すほか、譲渡制限種類株式も認められることになりましたので、一部の株式については譲渡制限を付しても、他の株式については譲渡制限を付さずに自由な譲渡を認めるということが可能となりました。

発行する株式全部に譲渡制限を付す場合の定款変更には、原則、議決権を行使することができる株主の半数以上で、かつ当該株主の議決権の3分の2以上の多数が必要とされる株主総会特殊決議を経る必要があります。

定款のサンプル

［株式全部についての譲渡制限］
（株式の譲渡制限）
第○条　当会社の株式を譲渡するには、取締役会の承認を受けなければならない。

［種類株式としての譲渡制限］
第○章　株式
（発行株式総数）
第○条　当会社の発行可能株式総数は、○○株とし、その内訳は、次のとおりとする。
　　　　普通株式　　　　○○株
　　　　第１種種類株式　○○株

第○章　種類株式
（第１種種類株式）
第○条　当会社の発行する第１種種類株式の内容は次のとおりとし、特に定めがない点については、普通株式と同一の内容を有する。
（譲渡制限）
第○条　第１種種類株式を譲渡するには、取締役会の承認を受けなければならない。

Q06 取得請求権付(種類)株式

他社とは違う魅力ある株式で資金調達を図るためにはどうしたらよいですか？

A 会社に対して株主がその有する株式を買取(交換)するよう請求できる権利(取得請求権)の付いた株式を発行することにより、当該株式の魅力を増すことができます。

※参照条文
　会社法2条18号、同107条1項2号、同条2項2号、同108条1項5号、同条2項5号同166条、同167条

　取得請求権付(種類)株式とは、株主の側から会社に対し、当該株式の現金での買取りまたは当該株式と他の財物との交換を請求できる株式です。
　現金での買取りとするか、他の財物との交換とするかは、予め会社が定款で定めておく必要があります。
　次ページの定款サンプルにおいては、「社債(新株予約権、金○○円等)」とありますが、これらはあくまで

も例示です。新株予約権付社債でも構いませんし、自社の商品券やお食事券でも構いません。

定款のサンプル

［株式全部について取得請求権を付ける］
（取得請求権）
第○条　株主は当会社に対して当該株主の有する株式を取得することを請求できる。
　　2　前項に基づき、当会社が株式を取得するときは、株式1株を取得するのと引換に当該株主に対して当会社の社債（新株予約権、金○○円等）を交付する。

＊社債の場合には当該社債の種類及び種類ごとの各社債の金額の合計額（又はその算定方法）、新株予約権の場合には、当該新株予約権の内容及び数（またはその算定方法）を定める必要があります。

　　3　株主が第1項の請求をすることができる期間は、各株式発行にかかる登記がなされた日から10年とする。

［種類株式としての取得請求権付種類株式］

第○章　株式

（発行株式総数）

第○条　当会社の発行可能株式総数は、○○株とし、その内訳は、次のとおりとする。

　　　　普通株式　　　　○○株
　　　　第１種種類株式　○○株

第○章　種類株式

（第１種種類株式）

第○条　当会社の発行する第１種種類株式の内容は次のとおりとし、特に定めがない点については、普通株式と同一の内容を有する。

（取得請求権）

　　1　第１種種類株式の株主は当会社に対して当該株式を取得することを請求できる。

　　2　前項に基づき、当会社が株式を取得するときは、株式１株を取得するのと引換に当該株主に対して当会社の社債（新株予約権、金○○円等）を交付する。

　　3　株主が第１項の請求をすることができる期間は、平成○年○月○日から平成○年○月○日までとする。

コラム：会社法のポイント2　株主総会

　定款変更をはじめ、重要議案は株主総会にかけて決議をとる必要があるので、株主総会をいかに適正に運営するかは極めて重要です。

１．株主総会の開催場所・日時
　従来株主総会は定款に特別の定めがある場合を除いて、「本店の所在地かそれに隣接する場所」において招集しなければならないとされていましたが、会社法ではこの規制はなくなり、どこで開催してもかまいません。ただし、その場所や日時が過去と著しく離れている場合には、原則その理由を説明しなければなりません。

２．書面投票・電子投票
　会社法では、株主数が1000人以上の会社については、書面投票制度が義務づけられます。また、電子投票制度を採用することも可能で、株主の同意がある場合には、メール等で招集通知をすることもできます。
　書面投票・電子投票いずれについても、議決権行使の期限は、原則、株主総会の日時の直前の営業時間の終了時までとされています。
　書面投票制度と電子投票制度両方を採用した会社にあっては、株主が同一の議案につき、重複して議決権を行使した場合において、その議決権の内容が異なる場合（一方では賛成、他方では反対）には、どのように処理するかを予め決めておかなければなりません。

３．取締役の説明義務
　従来より、取締役は株主総会において株主から説明を求められた事項について説明義務が課されていますが、①説明するために調査を要するとき、②説明することにより他の株主の利益を害するとき、③実質的重複質問であるとき等は、説明を拒否できます。

Q07 取得条項付（種類）株式

一定の条件が生じた場合に、強制的に株式を買い上げるためにはどうしたらよいですか？

A 一定の事由が生じた場合に、「会社が株式を取得することができる」という条件（取得条項）の付いた株式を発行することにより、結果として、会社は当該株式を強制的に買い上げることができます。

※参照条文
　会社法2条19号、同107条1項3号、同条2項3号、同108条1項6号、同条2項6号、同168条〜170条

　取得条項付（種類）株式とは、取得請求権付（種類）株式とは逆に、会社が定めた条件によって株式を取得することができるという意味で、会社が取得のイニシアティブをとる株式です。
　次ページの定款サンプルは、自社の取締役や従業員に限って株式を保有させるケースを想定した例ですが、客

観的事由であれば、何でも定めることができます。たとえば、「（取締役会が定めた）一定の日の到来」と取得事由を定めることもできます。

定款のサンプル

［株式全部について取得条項を付ける］
（取得条項）
第○条　次に掲げるいずれかの事由が生じた日に当会社は株式を取得する。
　　一　株主が当会社を退社した
　　二　株主が死亡した
　2　前項に基づき、当会社が株式を取得するときは、株式1株を取得するのと引換に当該株主に対して当会社の社債（新株予約権、金○○円等）を交付する。

※ 社債の場合には当該社債の種類及び種類ごとの各社債の金額の合計額（又はその算定方法）、新株予約権の場合には、当該新株予約権の内容及び数（又はその算定方法）を定める必要があります。

［種類株式としての取得条項付種類株式］
○○章　株式
（発行株式総数）
第○条　当会社の発行可能株式総数は、○○株とし、その内訳は、次のとおりとする。
　　　　普通株式　　　　○○株
　　　　第１種種類株式　○○株

○○章　種類株式
（第１種種類株式）
第○条　当会社の発行する第１種種類株式の内容は次のとおりとし、特に定めがない点については、普通株式と同一の内容を有する。
（取得条項）
　1　次に掲げるいずれかの事由が生じた日に当会社は第１種種類株式を取得する。
　　　一　株主が当会社を退社した
　　　二　株主が死亡した
　2　前項に基づき、当会社が株式を取得するときは、株式１株を取得するのと引換に当該株主に対して当会社の社債（新株予約権、金○○円等）を交付する。

コラム：会社法のポイント３　合併対価柔軟化と買収防衛

会社法は平成18年から施行されますが、一部の規定のみ、１年間施行が延期されます。それは、「合併対価柔軟化」規定と呼ばれるものです。

１．「合併対価柔軟化」規定の概要

従来は、たとえばＢ社をＡ社が吸収（合併）するときは、Ｂ社の株主にはＡ社の株式が割り当てられていました。しかし、会社法においては、Ａ社はＢ社の株主にＡ社株式を割り当てる必要は必ずしもなく、Ａ社株式の代わりに金銭その他の財産を割り当てればよいことになりました。このように、現金を割り当てて完全にＢ社株主からＢ社株式を買い取ることを、「キャッシュ・アウト・マージャー」といいます。

また、Ａ社はＢ社の株主に、Ａ社の「親会社」の株式を割り当てることもできます。このように買収する側が親会社株式を利用して行う合併を「三角合併」といいます。

２．延期の理由

会社法案の国会での審議中に、敵対的買収と呼ばれる非友好的買収に、「キャッシュ・アウト・マージャー」や「三角合併」が利用されるのではないかとの懸念が急激に政財界に浸透し、敵対的買収に対する買収防衛策を整えるために一定の時間が必要だということで施行が延期になりました。

３．買収防衛策

会社法では、①黄金株（拒否権付種類株式、第２章10）、②取得条項付株式（第２章７）や全部取得条項付種類株式（第２章９）活用により、敵対的買収者が現れたら株式を会社が取得できるようにしておく、③取得条項付新株予約権を活用して、敵対的買収者が現れたら新株予約権を株式と交換して、買収者の持ち株比率を下げる等の方法が提唱されています。

Q08 株式の議決権制限種類株式

株式の数によらずに議決権をコントロールするためには、どうしたらよいですか？

A 会社法は、原則として、1株1議決権とされていますが、株主総会の全部または一部の事項について議決権を行使できない議決権制限種類株式を利用すれば、株式の数によらずに議決権をコントロールすることができます。

※参照条文
会社法108条1項3号、同115条

解説

株式を取得する人々のニーズはさまざまですから、その配当や値上がり益にのみ関心を有し、議決権には関心がない株主も少なくありません。

他方、会社においても、多数の議決権を確保しながら、株式発行による資金調達を図りたいというニーズがあるので、議決権制限種類株式は十分活用の余地があります。

なお、従来は株式会社の種類（株式譲渡制限会社か公開会社か）を問わず、発行済株式の2分の1を超えては

ならないとされていました。
　しかし、会社法においては、株式譲渡制限会社の場合には発行限度に制限はないとされました。

定款のサンプル

第○章　株式
（発行株式総数）
第○条　当会社の発行可能株式総数は、○○株とし、その内訳は、次のとおりとする。
　　　　普通株式　　　　○○株
　　　　第1種種類株式　○○株

第○章　種類株式
（第1種種類株式）
第○条　当会社の発行する第1種種類株式の内容は次のとおりとし、特に定めがない点については、普通株式と同一の内容を有する。
（議決権）
第1種種類株式の株主は、法令に定める場合を除き、株主総会において議決権を有しない。

Q09 全部取得条項付種類株式

会社の任意再建で100％減資を行うにはどうしたらよいですか？

A 株主総会特別決議により、当該株式全部を強制的に取得することができる旨の条件（全部取得条項）の付いた株式を発行し、会社が当該株式を強制的に取得して、かつ消却することによって、法定の手続き（民事再生や会社更生）によらないで、100％減資をすることができます。

※参照条文
会社法108条1項7号、同171条〜173条

一の種類の株式全部を株主総会決議によって取得できる場合の当該株式を「全部取得条項付種類株式」と言います。

実務的には、全部取得条項付種類株式を利用することによって、会社更生手続や民事再生手続以外で任意的な100％減資をすることができる点に意義があるとされています。なお、従来は100％減資のための無償取得に

は、株主全員の同意が必要とされていました。

定款のサンプル

第○章　株式
（発行株式総数）
第○条　当会社の発行可能株式総数は、○○株とし、
　　　　その内訳は、次のとおりとする。
　　　　普通株式　　　　○○株
　　　　第1種種類株式　○○株

第○章　種類株式
（第1種種類株式）
第○条　当会社の発行する第1種種類株式の内容
　　　　は次のとおりとし、特に定めがない点に
　　　　ついては、普通株式と同一の内容を有する。
（全部取得条項）
　当会社は、株主総会決議で会社法171条1項各号に規定する事項を定めることにより、第1種種類株式の全部を取得する。

Q10 拒否権付種類株式

友好的株主に会社を守ってもらうためにはどうしたらよいですか？

A 会社法上、本来、種類株主総会を経なくてもよい場合であっても、定款の定めにより、種類株主総会の定めが必要であるとすることができます。

このような定款の定めをおいた場合には、種類株主総会の決議がなければ、ある事項について、会社の決議とすることができなくなるので、このような場合の種類株式を「拒否権付種類株式」と言います。

そして、この拒否権付種類株式を友好的企業・人物に保有してもらえば、会社を守ってもらうことができます。

※参照条文
会社法323条、同84条

任意に、定款で種類株主総会の決議を経なければならないとされた場合の当該種類株式を「拒否権付種類株式」と言いますが、定款サンプルのように限定することなく、およそ、あらゆる事項について種類株主総会の決

議が必要であると定款に定めることもできます。
　会社法においては、一部の種類株式についても譲渡制限をつけることが認められますから、拒否権付種類株式についてだけ譲渡制限をつけて友好的企業・人物に取得させることが買収防衛策として論じられています。

定款のサンプル

第○章　株式
（発行株式総数）
第○条　当会社の発行可能株式総数は、○○株とし、
　　　　その内訳は、次のとおりとする。
　　　　普通株式　　　　○○株
　　　　第１種種類株式　○○株

第○章　種類株式
（第１種種類株式）
第○条　当会社の発行する第１種種類株式の内容は
　　　　次のとおりとし、特に定めがない点につい
　　　　ては、普通株式と同一の内容を有する。
（譲渡制限）
　　　　第１種種類株式を譲渡するには、取締役会

の承認を受けなければならない。

○○章　種類株主総会
（第１種種類株式の種類株主総会）
第○条　以下の各号に規定する決議事項については、当該決議の他、第１種種類株式の株主による種類株主総会の決議を要する。
　　一　取締役の選任
　　二　取締役の解任
　　三　合併
　　四　株式交換
　　五　株式移転
　　六　会社分割

コラム：会社法のポイント４　株主代表訴訟

　上場企業だけでなく、中小企業であっても、会社を運営するに当たっては、常に株主代表訴訟のリスクを考慮しなければなりません。そのためにも、会社の体制をしっかりと整えておき、株主から攻撃されるような材料をないようにしておく必要があります。

１．株主代表訴訟の概要
　取締役が任務懈怠により損害を与えてしまった場合に、会社という法人が取締役個人に対して損害賠償請求することは当然可能ですが、現実には取締役間の情実により提起がおざなりになってしまう可能性もあります。
　そこで、このような場合に会社の真のオーナーである株主が会社に代わって、取締役の責任を追求できるようにした制度が株主代表訴訟制度です。

２．改正点
　会社法では、株主代表訴訟について、以下の点が変わりました。
①訴え却下事由の新設
　「当該株主若しくは第三者の不正な利益を図り又は当該株式会社に損害を加えることを目的とする場合」には、訴えを提起できなくなりました。
②不提訴理由の通知
　株主はまず会社に訴訟提起を促し、６０日以内にそれがない場合に、訴訟を提起できます。会社を不提訴と決めたときは、その理由を株主に知らせなければなりません。
③原告適格の維持
　従来は、たとえばＡ社の株主Ｘが代表訴訟を提起した後、Ａ社が株式移転や株式交換を行ったため、Ａ社の株主でなくなってしまった場合には、原告適格を喪失し、すでに提起した訴訟は却下されるとされていました。しかし、会社法では一旦提起した後は、原告適格を失わないとされました。

11 Q ▶ 属人的種類株式

持ち株数でなく株主によって待遇を変えるためにはどうしたらよいですか。

A 株式譲渡制限会社においては、剰余金の分配、残余財産分配、議決権について、株主ごとに異なる取扱いとする旨を定款で定めることができます。

※参照条文
会社法109条2項、同条3項、同309条4項、同105条2項

解説

　会社法では、「株式会社は、株主を、その有する株式の内容及び数に応じて、平等に取り扱わなければならない」とされており、これを「株主平等の原則」と言います。
　しかし、同原則には例外があり、株主譲渡制限株式会社では、剰余金の分配、残余財産分配、議決権について、「株主」ごとに異なる特別の扱いをすることができます。この場合、会社との関係では、当該株主は「特別の扱い」を内容とする種類株式を有しているとみることができますので、「属人的種類株式」とも言われます。

この「属人的種類株式」を設けるための定款変更には、株主総会特殊決議（原則として、総株主の半数以上で、かつ総株主の議決権の4分の3以上の多数）が必要です。

定款のサンプル

第○章　株主ごとの異なる取扱い

（剰余金の配当）

第○条　当会社は、株主甲野太郎に対し、他の株主に先立ち、1株につき、年2万円の剰余金の配当を行う。

（議決権）

第○条　株主は、その保有する株式の数にかかわらず、それぞれ次に定める割合の議決権を有する。

　一　株主　甲野太郎

　　　総株主の議決権の3分の2の割合の議決権

　二　株主　乙野次郎

　　　総株主の議決権の6分の1の割合の議決権

　三　株主　丙野三郎

　　　総株主の議決権の6分の1の割合の議決権

Q12 株主名簿管理人

株主管理をアウトソーシングしたいのですが、どうしたらよいですか？

A 株式会社は、株主名簿管理人（株式会社に代わって株主名簿の作成及び備置き、その他株主名簿に関する事務を行う者）を置く旨を定款で定め、当該事務を行うことを委託することができます。

※参照条文
会社法123条、同231条、同251条、会社法施行規則2条2項26号、同8条3号、同41条6号、54条6号

解説

　従来より、信託銀行などが「名義書換代理人」として株式事務を行ってきましたが、会社法では、この「名義書換代理人」が「株主名簿管理人」と呼ばれるようになりました。

　なお、株式と新株予約権に関する株主名簿管理人は同一であることが要求されます。

　中小企業の場合には、あえて株主名簿管理人を置かな

くても、自社の総務部等で十分対応できるという場合も多いかと思われますが、株主管理にミスがあると、思わぬ損害を受けることもありますので、株式事務のよきパートナーとして、株主名簿管理人を置くことも検討してよいでしょう。

定款のサンプル

（株主名簿管理人）
第○条　当会社は株主名簿管理人を置く。
　　２　株主名簿管理人及びその事務取扱場所は、取締役会の決議により選定する。
　　３　当会社の株主名簿、株券喪失登録簿及び新株予約権原簿は、株主名簿管理人の事務取扱場所に備え置き、株主名簿、株券喪失登録簿及び新株予約権原簿への記載又は記録、その他株式及び新株予約権に関する事務は、株主名簿管理人に取り扱わせ、当会社においてはこれを取り扱わない。

13 Q ▶ 基準日

株主総会で議決権行使できる株主を確定するにはどうしたらよいですか？

A 株式会社は、一定の日（基準日）を定めて、基準日において株主名簿に記載され、または記録されている株主をその権利を行使することができる者と定めることができます。

※参照条文
　会社法124条

解説

　株主というのは常に変動しますから、いつの時点の株主を株主総会で議決権行使できる株主とするかが問題となります。会社法では基準日という制度を設けてこの問題に対処しています。
　次ページの定款サンプルは、3月決算の会社を例に書かれていますが、各会社に合わせて変更してください。
　また、定款サンプル2項にありますように、定款で基準日を定めても、臨時で別の基準日を定めることも可能ですから、3月以降の株主にも権利行使を認めたいとい

う場合には、取締役会決議で、たとえば「基準日を4月30日とする」と定めることができます。

　さらに、基準日を「3月31日」としたままであっても、基準日以降の株主に権利行使を認めることも可能です。ただし、同じ新株発行にかかる株主であるのに、「AさんにはAめるがBさんには認めない」とする取扱いは株主平等の原則に反するので認められません。

定款のサンプル

（基準日）

第○条　当会社は毎年3月31日の最終の株主名簿に記載され又は記録されている株主を、定時株主総会において、その権利を行使することができる株主とする。

　2　前項のほか、必要があるときは、取締役会の決議によりあらかじめ公告して、一定の現在の株主名簿に記載され又は記録されている株主又は登録株式質権者をその権利を行使することができる株主又は登録株式質権者とすることができる。

Q14 株式譲渡承認請求

株式譲渡制限会社で株主が譲渡承認を求めてきた場合、どうしたらよいですか？

A 株式譲渡制限会社において、株主が株式の譲渡承認請求をしてきた場合には、譲渡を承認することも承認しないことも可能ですし、譲渡承認機関について定款で自由に定めることができます。

※参照条文
　会社法107条2項1号、同108条2項4号、同136条～145条、会社法施行規則2条2項29号、同22条、同26条

解説

　株式の譲渡制限を設けた場合であっても、株主はまったく株式を譲渡することができなくなるわけではなく、会社の承認を得れば譲渡することができます。
　従来は、株式の譲渡の承認は取締役会しかなしえないとされてきましたが、会社法では、定款で定めることにより、譲渡の承認機関を自由に定めることができます。
　定款サンプルでは、代表取締役を承認機関としていますが、承認機関を株主総会としても構いません。

また、「一定の場合」には譲渡の承認を得なくてもよいと定めることも可能です。定款サンプルでは、「株主間の譲渡」については、承認不要としていますが、これも、さまざまなバリエーションが可能です。

　株式の譲渡を承認しない場合には、会社が買い取るのが原則ですが、会社は当該買取人を指定することができます。この指定は、取締役会設置会社の場合には、取締役会がなすのが原則ですが、これについても定款で、指定権者を自由に定めることができます。

定款のサンプル

（株式の譲渡制限）

第○条　当会社の株式を譲渡により取得するには、代表取締役の承認を要する。

　　2　当会社の株式を当会社の株主に譲渡する場合には、代表取締役の承認があったものとみなす。

　　3　代表取締役が第1項の承認をしない旨の決定をしたときは、当会社又は代表取締役が指定する者が当該譲渡承認請求に係る譲渡制限株式を買い取る。

Q15 特定の株主からの自己株式取得

一部の株主から自己株式を買い入れたいのですが、どうしたらよいですか？

A

一部の株主から自己株式を取得する方法としては以下の方法があります。
① 市場取引または公開買付の方法
② 株主総会の特別決議に基づく買入れ

※参照条文
　会社法160条、同156条、同158条、同164条、同161条、同155条、会社法施行規則2条3項15号、同27条～同30条

解説

　会社は自社が発行した株式を取得することができます。
　しかし、会社がＡさんの株式は買うけれども、Ｂさんの株式は買ってあげないとすることを認めると株主平等の原則に反しますので、会社法は一定の規制をしています。すなわち、会社は次の手続を践まなければ、原則、特定の株主から自己株式を取得できません。
① 株主総会普通決議で、㋐取得する株式の数、㋑株式

を取得するのと引換に交付する金銭等の内容及びその総額、㋒株式を取得することができる期間（1年以内）を定める。
② ①と同時に株主総会特別決議で、①の㋐〜㋒の内容を特定の株主に通知する旨を決定する。
③ ②の通知の際に、株主に対して、「株式売却を希望する場合にはその旨及び希望売却数を申し出て下さい」といった売主追加請求を促す。

　例外的に、定款サンプルのように定めておけば、他の株主に売主追加請求権を与えないでおくことができますが、この定款変更には、株主全員の同意が必要です。

　また、市場取得等（東京証券取引所等での取得等）の場合には、会社は自己株式を時価で取得するわけですから、逆に、他の株主も時価で売却することができるため、定款の定めがなくとも、売主追加請求権を与えなくても構わないとされています。

定款のサンプル

（特定の株主からの自己株式取得）
第○条　当会社は、自己株式の取得につき、会社法第160条第1項の規定による決定をするときは同条第2項及び第3項の規定を適用しない。

16 相続人等に対する売渡しの請求

株主が死亡しても、株式が相続されないようにしたいのですが、どうしたらよいですか？

会社法では、定款に定めることにより、相続等で株式を取得した者に対し、株式を売り渡すよう請求することができます。

※参照条文
　会社法174条～177条

解説

　従来は、株式の譲渡制限の定めをおいても、株式が一般承継することまでは防止することができませんでしたが、会社法では、定款に定めることにより、相続等で株式を取得した者に対し、株式を売り渡すよう請求することができます。
　定款にこのような定めがある場合には、相続等があったことを知った日から、1年以内に株主総会特別決議を経て請求することができます。
　株式の売買価格は、当事者間の協議によりますが、裁

判所に対し、売買価格の決定の申立をすることもできます。ただし、申立ては売渡請求の日から 20 日以内に行う必要があります。

定款のサンプル

（相続人等に対する売渡しの請求）
第○条　当会社は相続その他の一般承継により当会社の株式を取得した者に対し、当該株式を当会社に売り渡すことを請求することができる。

17 株式分割

株式分割をしたいのですが、議決権行使できる株主を増やさないようにするにはどうしたらよいですか？

A 株式分割と同時に単元株を設定または増加させることにより、株式数を増やしつつ、議決権行使できる株主を増やさないことができます。

※参照条文
会社法191条、同184条2項、同188条、同183条、会社法施行規則34条

解説

　会社は、取締役会（取締役会がない場合には株主総会）の決議により、株式を分割することができ、株式分割により、市場に流通する株式数が増加し、また、一株あたりの株価が下がりますので、当該株式の買い手がつきやすくなります。

　しかし、たとえば、1000株を1対2で分割すれば2000株になり、その会社の株主も同時に2倍になります。

これでは、株主の管理コストがかかって、株式分割の資金調達メリットが軽減してしまいます。

そこで、今の例で、その会社が1株1議決権を認めているとしましょう。1対2の株式分割と同時に単元株を定めて、2株有していないと議決権を行使できないとすれば、株主は相変わらず、1000人のままです。

そして、通常は単元株を設定する旨の定款変更には株主総会決議が必要ですが、このような株式分割と同時に行う単元株の設定（変更）には、株主総会決議が不要とされています。

定款のサンプル

（単元株）
第○条　当会社の一単元の株式の数は千株とする。

18 株式無償割当

既存の普通株主にプレミアムのついた優先配当株式を割り当てたいのですが、どうしたらよいですか？

A 株式無償割当という形で、優先配当株式を割り当てることができます。

※参照条文
　会社法186条

解説

　各株主がそれぞれ有している株式の数を増やすためには、株式分割という方法があります。たとえば、普通株式を1株ずつ有する株主がいるとすると、1対2で分割すればそれぞれ普通株式を2株ずつ有する株主となります。
　しかし、株式分割は、あくまでももとの株式の数が増えるだけですから、普通株式をいくら分割しても普通株式でしかありません。
　そこで、優先配当株式を株主に割り当てて、それぞれ株主の有する株式数を2株ずつにしようと思えば、株式の無償割当ての方法によるしかありません。

逆に言えば、普通株式を有している株主に普通株式を無償割当ての方法で割り当てることもできますが、株式分割の方法によることもできます。

下記の定款サンプルは、無償割当てに関する決議をどの機関が行うかに関する記載例ですが、定款記載がない場合には、取締役会設置会社においては取締役会が決議機関となります。

定款のサンプル

（株式無償割当て）
第○条　会社法186条1項各号に掲げる株式無償割当てに関する事項の決定は株主総会（取締役会）の決議による。

19 端株制度廃止

端株制度は廃止されるそうですが、会社の端株主をどうすればよいですか？

A 会社法では端株制度は廃止されますが、すでに存続している端株については、従前どおり存続させることができます。

※参照条文
　整備法86条、会社法191条、同234条、同235条、189条2項、会社法施行規則35条

単元未満株式に加えることの制限

「次に掲げる権利以外の権利」の全部または一部を行使することができない旨を定款で定めることができます。

1. 会社法171条1項1号に規定する取得対価の交付を受ける権利
2. 株式会社による取得条項付株式の取得と引き換えに金銭などの交付を受ける権利
3. 会社法185条に規定する株式無償割当を受ける権利
4. 会社法192条1項の規定により単元未満株式を買い取ることを請求する権利
5. 残余財産の分配を受ける権利
6. 前各項に掲げるもののほか、法務省令で定める権利（会社法施行規則35条）

解説

　端株とは1株に満たない株（たとえば、0.5株とか0.7株）を言います。

　この端株には、議決権は認められず、原則として、剰余金配当請求権などが認められるに過ぎず、しかも剰余金配当請求権は定款で与えない旨の定めを設けることも可能でした。

　他方、従来から、端株制度のほかに、単元株制度という制度があり、定款で定める一定の株式数（単元数）を有していなければ議決権行使をできないということも可能とされていました（第2章20、21参照）。

　端株も単元未満株（1単元に満たない株）もいずれもその有する株式数が少ないため、議決権行使ができないという点で共通していることから、会社法では、端株制度は廃止され、単元株制度に統一されました。

　なお、たとえば0.5株の端株主がいる場合に、1対2の株式分割を行えば、当該株主は0.5（株）×2で、1株を有するようになりますが、同時に、もともと1株を有している株主は2株有することになるので、議決権が増えてしまいます。

　この場合には、単元数を2と定める（2株を有していないと1議決権を行使できないとする）ことにより、端株主を単元未満株主に移行させつつ、議決権を増やさないことができ（第2章17参照）単元未満株式として制限を加えることができます。

20 単元株式制度

株主の数が多すぎるので、まとまった数を有する株主のみに議決権行使させたいのですが、どうしたらよいですか？

A 単元株式制度という制度を利用して、ある一定の株式数を有していなければ議決権を行使できないこととすることができます。

※参照条文
　会社法188条〜同195条、会社法施行規則34条〜同39条

解説

　会社法の原則は一株一議決権ですから、発行されている株式の数が多いということはすなわち、議決権の数が多いということになります。

　資金調達のため、株式の数はある程度発行したいけれども、議決権の数が多くなると、管理コスト（株主総会招集通知等）がかかるという悩みがでてきます。

　そこで、従来から、ある一定の株式数を有していなければ議決権を行使できないこととすることができ、これを単元株式制度といいます。なお、最大で1000株まで

しか単元をあげることはできません。

　ただし、従来と異なり、会社法では、単元株式を有している株主、すなわち、単元株主に様々な制約を加えることが認められています。定款サンプルは、極限まで単元未満株主の権利を制限したものですが、単元未満株主は買い取り請求をすることができます。

　また、定款の定めがあれば、単元未満株主は、会社に対して、一単元となるために必要な株式数（たとえば、1000株の単元が採用されている会社において、400株しか有していない株主の場合には600株）を売り渡せと請求することもできます（定款サンプル）。

定款のサンプル

（単元株）

第○条　当会社の一単元の株式の数は千株とする。

　　2　単元未満株主は、会社法189条2項各号に定める権利以外の権利を行使することができない。

　　3　単元未満株主は、単元未満株主が有する単元未満株式の数と併せて単元株式数となる数の株式を売り渡すことを当会社に対して請求することができる。

Q21 単元株式数の変更

現在の単元株式数を引き上げたいのですが、どうしたらよいですか？

A 単元株式数を増加するためには、原則として、株主総会決議による定款変更が必要ですが、一定の場合には、株主総会決議によらないことができます。

※参照条文
会社法191条、同195条

解説

単元株式数をたとえば100株から1000株に増加するような場合には、それだけ、議決権行使をすることができなくなる株主が発生するということですから、株主総会決議による定款変更が必要です。

しかし、たとえば、株式分割と同時に行う単元株式数の増加は株主総会決議による必要はありません（第2章17参照）。

また、要は株主の議決権行使に不利益を与えなければよいのですから、たとえば1株ずつ有する株主に株式の無償割当てを1株ずつ行って2株を単元株式数と定めるような場合には、議決権の数に変更はありませんから、

やはり株主総会決議による必要はありません。
　ちなみに、単元株式数を減少させる場合には、株主に有利ですから、株主総会決議による必要はありませんが（取締役会決議で足ります）、株主に通知する必要があります。

定款のサンプル

　（単元株）
　第○条　当会社の一単元の株式の数は千株とする。

Q22 募集株式

株式譲渡制限会社において、取締役会の判断で新株発行をしたいのですが、どうしたらよいですか？

A 株式譲渡制限会社では、株主割当による場合であっても、新株発行は、原則として、株主総会決議による必要がありますが、定款で定めることにより、取締役会（取締役会非設置会社の場合には取締役）の決定によるとすることができます。

※参照条文
　会社法202条、同199条〜201条

解説
　会社法においては、新株発行のことを募集株式の発行と呼ぶようになりましたが、このような募集株式を発行するにあたっては、次に掲げる事項（募集事項）を定めなければなりません。
　　①募集株式の数
　　②募集株式の払込金額
　　③払込期間

④増加する資本金及び資本準備金に関する事項

　これらの募集事項の決定は、公開会社では、当然に取締役会決議によりますが、株式譲渡制限会社では、譲渡制限を付した趣旨（第三者に容易に株式を取得させないために譲渡制限を付します）を守るため、原則として、株主総会決議による必要があります。

　しかし、株主割当、すなわち既存の株主に公平に株主に新株を割り当てる方式の場合には、既存株主の利益を害することはありませんので、株主総会ではなく、取締役会が新株発行に際しての上記募集事項に加えて、⑤募集株式の割当を与える旨及び、⑥募集株式の引受けの申込みの期日を定める旨を定款に規定することができます。

定款のサンプル

（募集株式）
第〇条　募集株式の発行において、株主に株式の割当てを受ける権利を与える場合には、当該募集事項及び会社法202条1項各号に掲げる事項は、取締役会（取締役）の決定による。

Q23 デット・エクイティ・スワップ

デット・エクイティ・スワップ（DES）とは何ですか？

A デット・エクイティ・スワップ（DES）とは、現物出資財産が株式会社に対する金銭債権の場合を言います。

※参照条文
会社法207条9号5、同207条

解説

　新株発行の対価、すなわち株式を引き受ける代わりに会社に支払う対価は金銭であることが通常ですが、金銭以外のものを現物出資することによって株式の発行を受けることもできます。

　DESに限らず、現物出資の場合には、発行株式数に見合うだけの財産が出資されることを確保するために、検査役を選任して、その価額の調査をしなければなりません。

　しかし、この検査役による調査は費用も時間もかかるため、常に調査が必要とされるわけではなく、現物出資財産の価格が500万円以下の場合等、一定の場合には例

外的に検査役の調査が不要とされます。
　DESの場合には、次の要件を満たしている場合には、検査役の調査は不要とされています。
① 現物出資の財産となる金銭債権の弁済期が到来していること
② 当該債権について定められた価格が当該金銭債権に係る負債の帳簿価格を超えないこと
　DESは、債務負担の大きな会社で、債務を資本にふり返る手法で、そのような会社では本来は、たとえば1億円の貸付金の価値が1億円あるということはあり得ないのですが、それを言っていては会社再建はおよそ不可能ですので、名目価格が出資価格とされています。

DESの概要

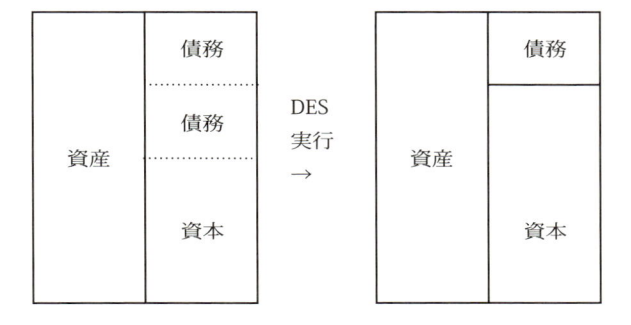

資産	債務
	債務
	資本

DES実行 →

|資産|債務|
|　　|資本|

24 株券不発行会社

株主からの請求があっても株券を発行したくないのですが、どうしたらよいですか？

A 会社法の下で新たに設立された会社は、何もしなくとも株券不発行会社になりますし、従前から設立されている会社の場合にも、株券を発行しない旨を定款に定めることによって、株券不発行会社となることができます。

※参照条文
　会社法214条、同第218条、整備法76条4項

解説
　近時は、株券を発行しない会社がほとんどです（ただし、定款に株券を発行しない旨を定めていない場合には、株主から株券発行の請求があれば株券を発行しなければなりません）。そこで、会社法では株券を発行する旨を定款で定めた場合に限り、株券を発行することとしました。
　したがって、会社法の下で新たに設立された会社は、定款に何も定めてない場合には、当然に株券不発行会社

となります。他方、会社法施行以前に設立された会社の場合には、原則株券不発行会社ですから、会社法の施行と同時に、「株券を発行する」旨の定款があるとみなされてしまいます（いわゆるみなし定款）。

そこで、会社法施行以前から設立されている会社の場合には、株券を発行しない旨を定款に定めることによって株券不発行会社となることができます。

なお、上場会社の場合には、何もしなくても、強制的に株券のペーパレス化が数年後に行われます。

定款のサンプル

（株券の不発行）
第○条　当会社は株式に係る株券を発行しない。

第3章

株主総会

25 株主総会決議事項

株主総会の権限を強化して、取締役の暴走を防止したいのですが、どうしたらよいですか？

A 　取締役会設置会社においては、株主総会は、会社法に規定する事項に限らず、別途定款で定めた事項についても決議することができます。
　また、取締役会非設置会社においては、株主総会は、会社法に規定する事項のみならず、株式会社の組織、運営、管理その他株式会社に関する一切の事項について決議することができます。

※参照条文
　会社法295条、同362条

解説　公開会社での株主総会の決議事項は、取締役の選任・解任や定款変更等、会社の運営上重要な事項に限られていますが、別途定款で株主総会決議事項を定めて、その権限を強化することができます。
　したがって、次ページの定款サンプルのように、本来

は取締役会の決議事項を株主総会の決議事項とすることができます（取締役会設置会社においては、株式分割は本来取締役会の権限です）。

逆に、会社法で株主総会の決議事項とされているものを取締役会の決議事項とする定款の定めは無効です。

すなわち、株主総会と取締役会とは、株主総会の方が上位機関であるため、権限を上位に移譲することはできるのですが、上位の株主総会の権限を下位の取締役会の権限ですることはできないのです。

他方、取締役会非設置会社においては、株主総会は、万能の機関とされ、会社法に規定する事項のみならず、株式会社の組織、運営、管理その他株式会社に関する一切の事項について決議することができるとされています。

定款のサンプル

（株式分割）
第○条　当会社は株式の分割をしようとするときは、その都度、株主総会の決議によって、会社法183条第2項各号に定める事項を定める。

26 株主による株主総会召集

株主が株主総会を招集しやすくするためには、どうしたらよいですか？

A 総株主の議決権の3％以上の議決権（議決権割合）を引き続き6ヶ月以上（保有期間）有している株主は、取締役に対して、株主総会招集の請求をすることができますが、定款で定めることにより、議決権割合を3％以下にすることができますし、保有期間を6ヶ月以下にすることができます。

※参照条文
　会社法297条

解説

　株主総会招集は取締役が行うのが通常ですが、重要な問題が生じた場合等に、株主が臨時株主総会を招集して株主が議案を検討するのが適当な場合も存します。

　そこで、会社法では、一定の議決権割合を一定の保有期間有している株主は、取締役に対して、株主総会招集の請求をすることができるとされています。

　そして、定款で、議決権割合や保有期間を低くすることができます。

　なお、株式譲渡制限会社の場合には、保有期間の制限はありませんので、1日でも有していれば、株主総会招集の請求をすることができます。

　また、株主が取締役に対して株主総会の招集を請求したにもかかわらず、取締役が8週間（待機期間）以内の日を株主総会の日とする株主総会招集の通知を発しない場合には、株主は裁判所の許可を得て、自らが株主総会を招集することができ、定款で待機期間を8週間以下にすることができます。

定款のサンプル

（株主による株主総会招集の請求）

第○条　総株主の議決権の100分の1以上の議決権を引き続き1カ月以上有している株主は、取締役に対して、株主総会の目的である事項及び招集の理由を示して、株主総会の招集を請求することができる。

2　次に掲げる場合は、前項の規定による請求をした株主は、裁判所の許可を得て、株主総会を招集することができる。

一　前項の規定による請求の後遅滞なく招集の手続が行われない場合

二　前項の規定による請求があった日から4週間以内の日を株主総会の日とする株主総会招集の通知が発せられない場合

コラム：会社法のポイント5　ストックオプション

「ストックオプション」とは、会社法における「新株予約権」のことです。新株予約権とは、その権利者が会社に対し権利行使をして、株式の交付を要求できる権利を言います。

たとえば、従業員に新株予約権を交付して、この権利は20年間行使することが可能で、株式を受け取るに当たって1株あたり5万円を支払うと合意するとします。20年間に会社の業績がアップして、1株の時価が10倍の50万円になったらどうなるでしょうか。従業員は5万円を支払って、会社から株を取得し、その株を売却すれば、45万円儲かります。

このように、会社の価値を高めることが従業員の利益につながるため、従業員の士気向上策として、ストックオプションは活用されます。

1．発行会社

　会社法の施行により、有限会社は「特例有限会社」という株式会社扱いとなるため、新株予約権を発行できるようになりました。なお、もともと株式会社であれば、それが公開会社であろうと、株式譲渡制限会社であろうと、新株予約権を発行することが可能です。

2．現物出資の可能化

　会社法では、新株予約権の交付を受けるに際しても、新株予約権の行使によって株式の交付を受けるに際しても、現物出資が認められます。

3．発行決議機関

　会社法では、新株予約権の発行決議機関は、原則として株主総会とされています。ただし、株主総会によって、募集事項の決定を取締役（取締役会がある場合には取締役会）に委任することもできますし、公開会社の場合には取締役会決議によるとされています。

27 株主提案権

株主が株主総会の議題を提案しやすくするためには、どうしたらよいですか？

A 総株主の議決権の1％以上の議決権（議決権割合）または300個以上の議決権（個数制限）を引き続き6ヶ月以上（保有期間）有している株主は、株主総会の日の8週間前（提案期間）までに、取締役に対して、一定の事項を株主総会の目的とすることを請求することができますが、議決権割合、個数制限、保有期間、提案期間いずれについても、定款で定めることにより引き下げることが可能です。

※参照条文
会社法303条

解説 次ページ定款サンプルは、引き下げた場合の記載例ですが、引き下げに制限はありません。
　なお、株式譲渡制限会社であって、取締役会非設置会社の場合は、議決権割合、個数制限、保有期間、提案期間いずれについても制限はありません。

また、株式譲渡制限会社であって、取締役会設置会社の場合は、保有期間について制限がありません。

定款のサンプル

（株主提案権）
第○条　総株主の議決権の1000分の5以上の議決権又は100個以上の議決権を引き続き3ヶ月以上有している株主は、株主総会の日の4週間前までに、取締役に対して、一定の事項を株主総会の目的とすることを請求することができる。
　　2　総株主の議決権の1000分の5以上の議決権又は100個以上の議決権を引き続き3ヶ月以上有している株主は、株主総会の日の4週間前までに、株主総会の目的である事項につき当該株主が提案しようとする議案の要領を株主に通知することを請求することができる。

Q28 株主総会検査役選任請求

株主総会が荒れそうなので検査役を入れたいのですが、どうしたらよいですか？

A 総株主の議決権の1％以上の議決権（議決権割合）を引き続き6ヶ月以上（保有期間）有している株主は、株主総会に係る招集の手続及び決議の方法を調査させるため、当該株主総会に先立ち、裁判所に対し、検査役の選任の申立てをすることができますが、議決権割合、保有期間いずれについても、定款で定めることにより引き下げることが可能です。

※参照条文
　会社法306条

解説

　検査役制度というのは、株主総会の混乱が予想されるときに、株主総会の招集の手続及び決議の方法につき、後日「あの総会は無効だった」などと言われないように、公正さの証拠を残すための制度です。
　検査役というのは、株主総会の適法性監督者なのです。
　そして、総株主の議決権の1％以上の議決権（議決権

割合）を引き続き6ヶ月以上（保有期間）有している株主は、株主総会に係る招集の手続及び決議の方法を調査させるため、当該株主総会に先立ち、裁判所に対し、検査役の選任の申立てをすることができますが、議決権割合、保有期間いずれについても、定款で定めることにより引き下げることが可能です。株式譲渡制限会社の場合には、保有期間の制限はありません。

　ちなみに、この検査役選任については従来は株主のみが請求することができましたが、会社法で、新たに会社側からも請求をすることができるようになりました。

定款のサンプル

（株主総会の招集手続等に関する検査役の選任）
第○条　当会社又は総株主の議決権の1000分の5％以上の議決権以上の議決権を引き続き3ヶ月以上有している株主は、株主総会に係る招集の手続及び決議の方法を調査させるため、当該株主総会に先立ち、裁判所に対し、検査役の選任の申立てをすることができる。

Q29 株主総会の議決要件

株主総会の議決要件について教えてください。

A 株主総会の決議には、普通決議、特別決議、特殊決議があり、それぞれ議決要件が異なります。

普通決議　…議決権を行使することができる株主の議決権の過半数を有する株主が出席し（定足数）、その出席株主の議決権の過半数で決する。

特別決議　…議決権を行使することができる株主の議決権の過半数を有する株主が出席し（定足数）、その出席株主の議決権の3分の2以上の多数で決する。

特殊決議①…議決権を行使することができる株主の半数以上で、かつ当該株主の議決権の3分の2以上の多数で決する。

特殊決議②…総株主の半数以上で、かつ総株主の議決権の4分の3以上の多数で決する。

※参照条文
　会社法309条、同341条

解説

　株主総会の決議には、その決議事項により、普通決議、特別決議、特殊決議があります。

　どの決議によらなければならないかということについては、会社法で定められています。

　特別決議によらなければならない事項は、会社法309条2項に列挙されており、定款変更（原則）、事業の譲渡等、解散、組織変更、合併、会社分割、株式交換、株式移転等の場合です。

　特殊決議①によらなければならない事項は、会社法309条3項に列挙されており、会社が発行する全部の株式の内容として、譲渡制限を付す旨の定款変更等の場合です。

　特殊決議②によらなければならない事項は、会社法309条4項に挙げられており、属人的種類株式を定める旨の定款変更をする場合です。

株主総会決議の種類

下記以外	普通決議	議決権過半数出席＆出席株主の議決権の過半数
定款変更等	特別決議	議決権過半数出席＆出席株主の議決権の3分の2
株式全部についての譲渡制限	特殊決議①	半数以上の株主＆当該株主の議決権の3分の2
属人的種類様式	特殊決議②	総株主の半数以上＆総株主の議決権の4分の3

30 株主総会の議決要件の変更

株主総会の議決要件の変更について教えてください。

A 株主総会の決議には、普通決議、特別決議、特殊決議があり、それぞれ議決要件が異なりますが、定款に定めることにより、定足数、議決数を変更することができます。

※参照条文
会社法309条、同341条

解説

普通決議、特別決議、特殊決議それぞれにつき、以下のように要件を変更することができます。なお、次ページの定款サンプルはある特別決議の要件を加重したものです。

普通決議…議決権を行使することができる株主の議決権の過半数を有する株主が出席し、その出席株主の議決権の過半数で決する。

特別決議…議決権を行使することができる株主の議決権の過半数を有する株主が出席し（3分の1以上の割合を定款で定めた場合には、その割合以上）、その出

席株主の議決権の3分の2（これを上回る割合を定款で定めた場合には、その割合）以上の多数で決する。

特殊決議①…議決権を行使することができる株主の半数（これを上回る割合を定款で定めた場合には、その割合）以上で、かつ、当該株主の議決権の3分の2（これを上回る割合を定款で定めた場合には、その割合）以上の多数で決する。

特殊決議②…総株主の半数（これを上回る割合を定款で定めた場合には、その割合）以上で、かつ総株主の議決権の4分の3（これを上回る割合を定款で定めた場合には、その割合）以上の多数で決する。

定款のサンプル

（株主総会決議）

第○条　当会社の合併、株式交換及び株式移転につき、株主総会決議が必要とされている場合の同決議は、当該株主総会において議決権を行使することができる株主の議決権の過半数を有する株主が出席し、出席した当該株主の議決権の4分の3以上の多数をもって行う。

31 種類株主総会

種類株主総会について教えてください。

A 種類株式の発行が認められている以上、普通株主とは異なり、種類株主固有の利害にかかわる事項については、当該種類株主の合議体である種類株主総会が決議を行います。

また種類株主固有の利害に関わらない事項であっても、任意に定款の定めにより、種類株主総会が必要であると定めることが可能です。

※参照条文
会社法324条、同325条、同309条2項、同323条、同322条

種類株式発行会社が合併などのある一定の行為をする場合に、ある種類株主に損害を及ぼすおそれがあるときは、当該種類株主総会の決議を経なければなりません。

　ただし、会社は種類株式を発行する際に、その株式の内容として、当該種類株主総会決議を不要とする旨を定めることができます（定款サンプル参照）。ただし、定款サンプルのような定款変更の場合には、当該種類株主全員の同意を得る必要があります。

　逆に、会社は種類株式を発行する際に、その株式の内容として、「ある事項」について、当該種類株主総会決議を必要とする旨を定めることができ、その場合には、上記「ある一定の行為」以外にも「ある事項」については、通常の株主総会の他に、当該種類株主総会決議が必要となります（第2章10参照）。

定款のサンプル

　　第○章　株式
　（発行株式総数）
　第○条　当会社の発行可能株式総数は○○株とし、
　　　　　その内訳は、次のとおりとする。
　　　　　普通株式　　　　○○株
　　　　　第１種種類株式　○○株

　　○○章　種類株式
　（第１種種類株式）
　第○条　当会社の発行する第１種種類株式の内容
　　　　　は次のとおりとし、特に定めがない点に
　　　　　ついては、普通株式と同一の内容を有す
　　　　　る。
　（種類株主総会の排除）
　　　　　会社法 322 条１項の規定にかかわらず、第
　　　　　１種類株式の株主による種類株主総会決議
　　　　　を要しないものとする。

コラム：会社法のポイント6　取締役の責任

1．取締役が利益相反・競業取引をなす場合の規制

　従来、株式会社の取締役が利益相反・競業取引をしようとする場合には、取締役会の承認が必要とされていました。また、有限会社の取締役が利益相反等をしようとする場合には、社員総会の特別決議による認許が必要とされていました。

　会社法においても、取締役会設置会社である場合は、やはり取締役会の承認が必要とされていますが、他方、株式譲渡制限会社である場合は、取締役会を設置しなくてもよいとされています。そこで、会社法上、取締役会「非」設置会社の場合には、株主総会の普通決議による承諾を得ることが定められています。なお、有限会社の場合には、社員総会の特別決議による認許を得さえすれば、たとえ損害が生じてしまっても、原則として責任は問われませんでしたが、取締役会「非」設置会社の場合にはこのような取扱いはありません（原則として責任があるものとされます）。

2．取締役の責任の無過失責任化

　従来、取締役の会社に対する責任として、一般的な法令・定款違反の他に次のような責任が定められていました。

　①違法配当
　②利益供与
　③取締役に対する金銭貸付け
　④利益相反取引

　これら①～④の責任は、いずれも無過失責任とされており、たとえ注意義務を尽くしたことを証明しても取締役は損害賠償責任を免れることはできませんでした。しかし、会社法では、②についての利益供与をなした取締役及び④についての自己のために直接の利益相反取引をなした取締役を除いて、①～④の責任は過失責任とされました。

Q32 機関設計の自由化

株主総会以外の機関の設置はどのようにすればよいですか？

A

会社法では、機関設計の自由度が高められており、ミニマムスタンダードの機関設計としては、株主総会＋取締役という極めてシンプルなものになりました。

その会社が公開会社（株式譲渡制限）の場合には、取締役会が設置強制され（さらに、取締役会設置会社になると監査役が、原則設置強制される）、その会社が大会社の場合には、会計監査人が、原則設置強制されます。

※参照条文
会社法326条〜同328条

解説

従来は、株式会社の機関としては、株主総会、取締役、取締役会及び監査役という機関設計がミニマムスタンダードとして定められ、その会社が大会社である場合には、株主総会、取締役、取締役会、監査役会及び会計監査人という機関設計、あるいは、株主総会、取締役、取締役会、三委員会及び会計監査人という機関設計（委員会設

置会社）が必要であるとされてきました。

　しかし、会社法では機関設計の自由度が高められており、ミニマムスタンダードの機関設計としては、「株主総会＋取締役」という極めてシンプルなものになりました。どのような機関設計をとるかは会社経営者にとっては悩ましい問題ですが、考慮すべき要素としては、㋐機関を維持するための費用（役員報酬等）、㋑意思決定の迅速化（機関設計がシンプルなほど意思決定は早くなる）、㋒取引先の信頼確保（監督機能がしっかりしているほど相手は安心して取引できる）等があります。

〔株式会社のとりうる具体的な機関設計（会計参与はいずれの場合も任意の設置機関。株主総会は必須機関なので省略）〕
１．株式譲渡制限会社、かつ中小会社（大会社以外）
① 株主総会＋取締役（←ミニマムスタンダード）
② 株主総会＋取締役＋監査役
③ 株主総会＋取締役＋監査役＋会計監査人
④ 株主総会＋取締役＋取締役会＋監査役
⑤ 株主総会＋取締役＋取締役会＋監査役会
⑥ 株主総会＋取締役＋取締役会＋監査役＋会計監査人
⑦ 株主総会＋取締役＋取締役会＋監査役会＋会計監査人
⑧ 株主総会＋取締役＋取締役会＋三委員会＋会計監査人
２．公開会社、かつ中小会社（大会社以外）
① 株主総会＋取締役＋取締役会＋監査役（←ミニマムスタンダード）
② 株主総会＋取締役＋取締役会＋監査役会

③ 株主総会＋取締役＋取締役会＋監査役＋会計監査人
④ 株主総会＋取締役＋取締役会＋監査役会＋会計監査人
⑤ 株主総会＋取締役＋取締役会＋三委員会＋会計監査人
 ３．公開会社、かつ大会社
① 株主総会＋取締役＋取締役会＋監査役会＋会計監査人
② 株主総会＋取締役＋取締役会＋三委員会＋会計監査人
 ４．株式譲渡制限会社、かつ大会社
① 株主総会＋取締役＋監査役＋ 会計監査人（←ミニマムスタンダード）
② 株主総会＋取締役＋取締役会＋監査役＋会計監査人
③ 株主総会＋取締役＋取締役会＋監査役会＋会計監査人
④ 株主総会＋取締役＋取締役会＋三委員会＋会計監査人

第 4 章

取締役

33 補欠役員

取締役が突然、死亡・退職した場合に備えて別の取締役を用意しておきたいのですが、どのようにすればよいですか？

A 取締役は株主総会決議によって選任しますが、この際、取締役が欠けた場合、または会社法もしくは定款で定めた取締役の員数を欠くこととなるときに備えて、補欠の取締役を選任することができます。

※参照条文
会社法329条2項、会社法施行規則96条

解説

　取締役会非設置会社の場合には、取締役は1名で足りますし、取締役会設置会社でも3名いれば法定の要件は満たしています。

　しかし、これらはあくまでも必要最小限度の員数であり、次ページの定款サンプルのように、定款でこれら以上の数を必要とする旨を定めることができます。

　このように、法定の員数要件または定款の員数要件がある場合であっても、取締役が死亡・退職等で員数要件

を満たさなくなることは当然あり得ます。
　しかし、そのような場合に備えて多めに選任しておくというのは、コスト（報酬）がかかります。
　そこで、会社法では、予め補欠取締役を選任することができるとされています。
　なお、補欠役員を設けることについては、定款の定めは不要です。

定款のサンプル

（取締役の員数）
第○条　当会社の取締役の員数は5人とする。

34 Q 取締役の資格

取締役には必ず株式を持たせて責任を自覚させたいのですが、どのようにすればよいですか？

A　株式譲渡制限会社では、取締役の資格として、取締役を株主に限る旨の定款の定めをおくことができます。

※参照条文
　会社法331条

解説

　法人はもとより、成年被後見人や一定の罪を犯してその刑の執行終了時から2年を経過しない者は、会社法上、取締役の資格がありません。

　また、定款で取締役の資格を制限することもできます。

　株式譲渡制限会社では、取締役の資格を株主に限ることもできます。

　他方、公開会社では、取締役を株主に限ることはできません。

　なお、従来は、破産して未だ復権していない者は取締役の資格がないとされていましたが、会社法ではこのような資格制限は廃止されています。

　また、公開会社では、取締役の資格を株主に限ることができませんが、取締役にストックオプションとして、新株予約権を付与することにより、職務執行のインセンティブを与えることができます。

定款のサンプル

（取締役の資格）
第○条　当会社の取締役は株主に限る。

35 取締役の任期

取締役の任期を2年以上に延長したいのですが、どのようにすればよいですか？

A 株式譲渡制限会社では、取締役の任期を最長10年までとする旨の定款の定めをおくことができます。

※参照条文
　会社法332条

解説

　取締役の任期は、原則2年ですが、株式譲渡制限会社では、取締役の任期を最長10年までとする旨の定款の定めをおくことができます。

　また、公開会社でも、株式譲渡制限会社でも、逆に取締役の任期を短縮する（たとえば任期を1年とする）ことも可能です。

　取締役の任期を延長するメリットとしては、2年ごとに役員の改選を行う手間や登記の費用を節約できることが挙げられます。逆に、取締役がトラブルを起こした場合などであっても、任期が長い場合には任期満了をもって再選しないということができなくなりますので、任期延長にあたっては、このようなメリットをよく検討してください。

定款のサンプル

（取締役の任期）

第○条　当会社の取締役の任期は、選任後10年以内に終了する事業年度のうち最終のものに関する定時株主総会終結の時までとする。

36 累積投票

取締役選任における累積投票について教えてください。

A 累積投票とは、たとえば、取締役3人を選出する場合には、1株につき3票を認め、各株主が3票を集中して投票したり、分散して投票したりすることにより、本来の単純多数決では選任されない少数派による取締役の選出を可能とする制度です。

※参照条文
　会社法342条

> A、B、Cの取締役の候補者がいて1人を選出する場合、A支持が10株主、B支持が5株主、C支持が3株主の場合には当然ながら、Aが当選しますが、累積投票を採用して各株主にそれぞれに3票を持たせると、「AもいいけどBも悪くない」とか「Bにまとめて3票集中しよう」などの投票行動がとられる可能性があるため、場合によってはBが当選することもあり得ます。これは、一種の比例代表制で、少数派株主にも取締役選出の可能性を与えるものです。
> 　このような不確実性を嫌うのであれば、定款記載のように、累積投票制度を採用しない旨を定めることもできます。

定款のサンプル

（取締役の選任）
○○条　取締役は株主総会の決議によって選任する。
　　2　取締役の選任決議は累積投票の方法によらない。

37 業務執行

取締役が複数いますが、取締役会を設けない場合の業務執行は、どのようにすればよいですか？

　　株式譲渡制限会社では、取締役会を設置しないことも可能ですが、その場合には、原則各取締役が業務を執行し、取締役が2人以上いる場合には、過半数で業務を決定します。

※参照条文
　会社法348条、同363条

解説

　取締役会非設置会社においては、たとえ取締役が複数いる場合であっても、各人が業務執行権を有するのが原則です。そして、その場合には業務の決定は総取締役の過半数で業務を決定します。しかし、実際には各人バラバラに業務執行を行っては会社としての有機的一体性を維持できませんので、定款記載例のような定めが必要となります。定款サンプルの「3分の1」はあくまでも例示です。「過半数」にしても「全員一致」にしても構いません。

　なお、取締役会設置会社においては、業務については取締役会決議において定められ、業務執行は、代表取締役及び取締役会決議により業務執行を行う者として選任された取締役が行います。

定款のサンプル

（業務執行）
第〇条　当会社の業務については、総取締役の3分の1以上の多数決議によるものとし、同決議において定められた者が当該業務の執行を行う。

38 代表取締役

代表取締役を株主総会で選出するようにしたいのですが、どのようにすればよいですか？

A 取締役会非設置会社では、定款、定款の定めによる互選、または株主総会決議によって取締役の中から代表取締役を選任することができます。

※参照条文
　会社法349条2項、同362条3項

解説

　取締役会設置会社においては、代表取締役は取締役会の決議によって選任しますが、取締役会非設置会社においてはこのような選任は不可能です。

　そこで、会社法では、代表取締役の選任につき、定款、定款の定めによる互選、または株主総会決議によって取締役の中から代表取締役を選任することができるとされています。

　なお、株主総会の決議による場合には、本来は定款記載例にあるような定めは不要ですが、重要事項ですので、定めておく方がよいでしょう。

　また、取締役会非設置会社においては、代表取締役を定めないということも可能ですが、その場合には各取締役それぞれが会社の代表権を有します。

定款のサンプル

（代表取締役の選任）
第○条　代表取締役は株主総会の決議（取締役の互選）によって選任する。

Q39 株主による取締役の行為の差止

株主が取締役の業務執行行為の差止めをしやすくするためには、どうしたらよいですか？

A 取締役が法令または定款に違反する行為をし、またはこれらの行為をするおそれがある場合で、その行為によって当該株式会社に著しい損害が生じるおそれがある場合には、6カ月（保有期間）前から引き続き株式を有する株主は、その取締役に対して当該行為の差止めを請求することができますが、このような保有期間は定款で短縮することができます。

※参照条文
　会社法360条

解説

　取締役が違法行為をしないように監督するのは、本来は取締役会の役目ですが、取締役会がその任を果たさない場合には、株主が違法行為の差止めを行い、会社の損害を未然に防止するしかありません。

　下記の定款サンプルは公開会社の例です。株式譲渡制限会社では、そもそも保有期間制限はありません。

　ちなみに、監査役設置会社では、取締役の監督は監査役の任務ですから、株主が差止請求をすることができるのは、「回復することができない損害」が生じるおそれがある場合に限定されます。

定款のサンプル

（株主による取締役の行為の差止め）

第○条　3ヶ月前から引き続き株式を有する株主は、取締役が当会社の目的の範囲外の行為その他法令若しくは定款に違反する行為をし、又はこれらの行為をするおそれがある場合において、当該行為によって当会社に著しい損害が生ずるおそれがあるときは、取締役に対し、当該行為をやめることを請求することができる。

Q40 内部統制システム

内部統制システムについて教えてください。

A 内部統制システムとは、「取締役の職務の執行が法令及び定款に適合することを確保するための体制その他株式会社の業務の適正を確保するために必要なものとして法務省令で定める体制」のことをいい、いわゆる企業コンプライアンス確保のための諸規定・制度のことです。

※参照条文
　会社法348条3項4号、同条4項、362条4項6号、同条5項、416条1項、会社法施行規則98条、同100条

・内部統制システムは、米国で提唱された「COSO」という企業コンプライアンスモデルに由来する。COSOによると、内部統制は「業務の有効性・効率性」「財務諸表の信頼性」「関連法規の遵守」を目的とする。COSOは、内部統制の構成要素として「統制環境」「リスクの評価」「統制活動」「情報と伝達」「監視活動」の5つを挙げている。

内部統制システムは、企業コンプライアンスないしは法令遵守措置などとも呼ばれますが、その内容は、要するに、企業が不祥事を起こさないための予防措置及び仮に不祥事を起こしてしまった場合の事後措置です。

　会社法では、大会社（資本金5億円以上または負債200億円以上）でかつ取締役会設置会社は取締役会が内部統制システムを構築しなければならないと体制整備を義務化しています。

　内部統制システムとしてどのような体制を構築するかは各企業に委ねられますが、その基本方針は法務省令で定められており、次のようなものです。

①取締役の職務の執行に係る情報の保存及び管理等に関する体制
②損失の危険の管理に関する規程その他の体制
③取締役の職務の執行が効率的に行われることを確保するための体制
④使用人の職務の執行が法令及び定款に適合することを確保するための体制
⑤当該株式会社並びにその親会社及び子会社から成る企業集団における業務の適正を確保するための体制

　また、監査役設置会社以外の株式会社である場合には、内部統制システムには、取締役が株主に報告すべき事項の報告をするための体制を含みます。

　他方、監査役設置会社の場合には、監査役がその職務を補助すべき使用人を置くことを求めた場合における当該使用人に関する事項等を含みます。

第 5 章

取締役会

41 取締役会召集

取締役会を招集できる者を代表取締役に限定したいのですが、どうしたらよいですか？

A 取締役会は、各取締役が招集するのが原則ですが、取締役会を招集する取締役を定款または取締役会で定めることができます。

※参照条文
　会社法366条

解説

　会社法上、取締役会の招集は各取締役がなし得るとされていますが、次ページのサンプルのように招集権者を限定することは可能です。
　しかし、その場合であっても、他の取締役は招集権者に対して取締役会の目的である次項を示して、取締役会を開催するように請求することができます。それにもかかわらず、招集権者が請求があった日から5日以内に、その請求があった日から2週間以内の日を開催日とする。取締役会を招集しない場合には、当該他の取締役が自ら

取締役会を招集できます。

　なお、取締役全員が同意すればそもそも招集手続を省略することが可能とされていますので、いわゆる定例取締役会のように、全員が同意して定めた日時に行う取締役会には招集通知は不要です。

　なお通常は、招集権者が議長になりますが、もちろん招集権者以外の者が議長になっても構いません。

定款のサンプル

（取締役会の招集権者）

第○条　取締役会は、代表取締役社長が招集する（ただし、法令に別段の定めがある場合を除く）。

　2　前項代表取締役社長が病気、事故等により、取締役会を招集することができない場合には、取締役会で定めた順位の取締役が招集する。

42 取締役会召集 その2

取締役会の緊急招集をかけられるようにしたいのですが、どうしたらよいですか？

A 取締役会の招集通知は、取締役会の日の「1週間」前までに取締役（監査役設置会社にあっては、各取締役及び各監査役）に対して発しなければならないのが原則ですが、定款で「1週間」の期間を短縮することができます。

※参照条文
　会社法368条

解説

　会社法上は、取締役会の招集通知は、取締役会の日の「1週間」前までに取締役（監査役設置会社にあっては、各取締役及び各監査役）に対して発しなければならないのが原則ですが、定款で「1週間」の期間を短縮することができます。
　緊急に会議をしなければならないときには、1週間ではとても間に合いませんから、次ページの定款サンプルのように「1日」と定めておくことも可能です。

もっとも、全員が同意すれば、そもそも招集手続は不要ですので、この定款サンプルが意味を持つのは取締役会内部の内紛事例等のときに限られるでしょう。

　すなわち、取締役会で決議をしたところ、その決議には反対だった取締役が後日「自分は招集通知を一週間前に受け取らなかった」「自分は招集手続きの省略に賛成していない」などと言って、取締役会決議を覆すことを防止するような場合には、この定款サンプルは意味を持ちます。

定款のサンプル

（取締役会の招集通知）
第○条　取締役会の招集通知は、各取締役（及び各監査役）に対し、会日の1日前までに発する。

43 取締役会決議

取締役会の議決要件を変更したいのですが、どうしたらよいですか？

A 取締役会の決議は、議決に加わることができる取締役の過半数（定足数）が出席し、その過半数（多数要件）をもって行うのが原則ですが、定款で定足数及び多数要件を引き上げることができます。

※参照条文
　会社法369条1項

解説

　取締役会決議は、議決に加わることができる取締役の過半数が出席し（定足数）、その過半数をもって行いますが（多数要件）、定足数、多数要件いずれについても、定款で加重する（議決が成立しにくくする）ことはできます。
　他方、軽減する（議決が成立しやすくする）ことはできません。
　以上の点については、会社法においても、従来と変わりません。

なお、取締役会の決議について、特別の利害関係を有する取締役は議決に加わることはできません。
　したがって、たとえばある取締役に対する会社による金銭の貸し付けの決議については、当該取締役は議決に加わることができませんので、留意してください。

定款のサンプル

（取締役会の決議）
第〇条　取締役会の決議は、議決に加わることができる取締役の3分の2が出席し、その3分の2をもって行う。

44 書面決議

各取締役の取締役会への出席負担を減らしたいのですが、どうしたらよいですか？

A 会社法では、取締役の便宜等を考慮して、定款に定めることにより、議決に加わることができる取締役全員が書面または電磁的記録により、提案につき同意の意思表示をした場合には、その提案を可決する旨の取締役会決議があったものとみなすことができます（いわゆる書面決議、持ち回り決議）。

※参照条文
会社法370条、同368条2項

解説
従来は、株式会社の取締役会は、実際に開催されなければ決議をすることが認められませんでしたが（なお、電話やテレビ電話会議システムによる取締役会は適法とされていました）、会社法ではいわゆる書面決議が認められました。

ただし、定款で書面決議を定めた場合であっても、監査役設置会社において、監査役が当該提案について異議を述べた場合には、書面決議によることはできません。

また、取締役（監査役がいる場合には監査役も含む）全員に対して取締役会に報告すべき事項を通知したときは、当該事項を取締役会に報告することも省略できます。
　ただし、この通知は、取締役が3ヶ月に一度、取締役会に対して行わなければならないとされている自己の職務の執行状況報告とは異なるので、少なくとも、この報告を聞くために、3ヶ月に一度は実際に取締役会を開くことが必要であるということになります。

定款のサンプル

（取締役会の決議の省略）
○条　当会社は取締役が取締役会の決議の目的である事項について提案をした場合において、当該提案につき取締役（当該事項について議決に加わることができるものに限る）の全員が書面又は電磁的記録により同意の意思表示をしたときは、当該提案を可決する旨の取締役会の決議があったものとみなす。
　　　「ただし、監査役が当該提案について異議を述べたときはこの限りではない（←監査役設置会社の場合はこれを加える）」

第 6 章
会計参与

45 会計参与の概要

会計参与とは何ですか？

A 会計参与とは、取締役と共同して計算書類等を作成する者を言います。

※参照条文
会社法374条～同380条、会社法施行規則102条～同104条

```
          計算書類の作成      計算書類の承認      計算書類の監査
┌─────────────────────────────────────┐   ┌──────────┐
│ 会社内部機関                         │   │          │
│                                     │   │  株主総会 │
│  ┌──────────┐   ┌──────────┐       │   │          │
│  │  取締役  │   │  監査役  │       │   └──────────┘
│  └──────────┘   └──────────┘       │
│                                     │
│  ┌──────────┐   ┌──────────┐       │
│  │ 会計参与 │   │ 会計監査人│       │
│  └──────────┘   └──────────┘       │
└─────────────────────────────────────┘
```

第6章　会計参与

解説

　計算書類が正しく会社の財務内容を示していることは、会社の利害関係者にとって極めて重要です。

　そして、計算書類の監査を行う者として、監査役・会計監査人という機関が会社法上定められています。

　監査役は会社の内部にあって、会計監査人（監査法人）は会社の外部にあって、取締役の提出した計算書類の矛盾・不備等をチェックします。

　しかし、あくまでも監査役・会計監査人は取締役より提出された書類を基礎として監査するだけですから、たとえば、取締役が監査役・会計監査人に見抜かれないように巧妙に売り上げの水増し工作等をした場合には、計算書類の適正が確保できません。

　そこで、会社の内部にあって、取締役とともに計算書類等の作成を行う機関があれば、上記のような取締役の工作を未然に防ぐことができます。

　このような趣旨から、会社法では新たに会計参与という機関を創設しました。

　ただし、会計参与は任意の設置機関です。

46 会計参与の取締役会出席、報酬

会計参与に関し定款で定めておくべきことを教えてください。

会計参与に関し定款で定めておくべき事項には、そもそも任意機関である会計参与を設置する旨を定めなければならないほか、会計参与の取締役会出席、報酬等について特段の定めを置くことができます。

※参照条文
　会社法326条2項、同334条、同376条2項、同379条、同425条～同427条

解説

　会計参与はあくまで任意の機関ですので、定款に会計参与を置く旨の定めがあってはじめて会計参与が正式に会社の機関となります（唯一の例外として、公開会社でも大会社でもない取締役会設置会社は本来は監査役を置かなくてはなりませんが、会計参与を設置した場合には監査役を設置しなくてもよいので、その限りで会計参与は必須機関となります）。
　また、会計参与の報酬等については、定款にその額が定められていない場合には、当然ながら株主総会決議に

よりますので、上下記の定款サンプルは念のための規定ということになります。もちろん定款で、報酬を予め確定してしまっても構いませんが、そのようなことをする会社は少ないと思われます。

定款のサンプル

第〇章　会計参与

（会計参与の設置）

第〇〇条　当会社は会計参与を置く。

（会計参与の報酬等）

第〇〇条　会計参与の報酬等は株主総会の決議によって定める。

第〇章　取締役会

・
・
・

（取締役会の招集通知）

第〇条　取締役会の招集通知は、各取締役及び会計参与に対し、会日の1日前までに発する。

第 7 章
監査役・監査役会

Q47 監査役の監査範囲限定

監査役の監査範囲を会計に関する部分に限定したいのですが、どうしたらよいですか？

A　会社法上、監査役は、原則として、会計監査権限にかぎらず、業務監査権限も有しますが、株式譲渡制限会社（監査役会設置会社及び会計監査人設置会社を除きます）は、定款で監査役の監査の範囲を会計に関する部分に限定することができます。

※参照条文
　会社法381条、同389条、同357条、同367条、同360条

解説

　監査役の監査には、会計に関する監査（会計監査）と取締役の業務執行の適法性に関する監査（業務監査、適法性監査）があります。

　従来、小会社(資本金1億円以下で、かつ負債が200億円未満の会社）においては、監査役は会計監査権限しか有さず、業務監査を行うことはできないとされていましたが、会社法では原則として、監査役は会計監査権限及び業務監査権限双方を有することとされました。

　しかし、権限を有するということは、裏を返せば義務を負うということですから、業務監査まで義務を負うのは負担が重いということもあり得ます。

　そこで、株式譲渡制限会社（監査役会設置会社及び会計監査人設置会社を除きます）は、定款で監査役の監査の範囲を会計に関する部分に限定することができます。

定款のサンプル

（監査役の監査の範囲の限定）
○○条　監査役の監査の範囲は、会計に関するものに限定する。

48 監査役の取締役会出席、報酬

監査役に関し定款で定めておくべきことを教えてください。

A 　監査役に関し定款で定めておくべき事項には、監査役を設置する旨の定めがあります。
　また、監査役の取締役会出席、報酬等について特段の定めを置くことができます。

※参照条文
　会社法327条2項、同3項、同368条1項、同387条

解説

　監査役は、取締役会設置会社においては原則、必須の設置機関ですが（第3章32参照）、たとえば、株式譲渡制限会社で、かつ中小会社（大会社以外）の場合には、任意の設置機関になります。
　任意の設置機関の場合には、監査役を置く旨の定款の定めを設ける必要がありますが、強制設置の場合にも、機関構成は会社の重要事項ですから定款ではっきりと定めておくとよいでしょう。

また、監査役の報酬等については、定款にその額が定められていない場合には、当然に株主総会決議によりますので、下記の定款サンプルは念のための規定ということになります。もちろん定款で、報酬を予め確定してしまっても構いませんが、そのようなことをする会社は少ないと思われます。

定款のサンプル

第○章　監査役

（監査役の設置）

第○条　当会社は監査役を置く。

（監査役の報酬等）

　　　2　監査役の報酬等は株主総会の決議によって定める。

第○章　取締役会

・
・
・

（取締役会の招集通知）

第○条　取締役会の招集通知は、各取締役及び監査役に対し、会日の1日前までに発する。

49 監査役会の招集

監査役会に関し定款で定めておくべきことを教えてください。

A 監査役会に関し定款で定めておくべき事項には、監査役会を設置する旨の定めがあります。

また、監査役会の招集について特段の定めを置くことができます。

※参照条文
会社法328条1項、同392条1項

解説

監査役会は、公開会社で、かつ大会社においては、必須の設置機関ですが（第3章32参照）、それ以外の場合には、任意の設置機関になります。

任意の設置機関の場合には、監査役会を置く旨の定款の定めを設ける必要がありますが、強制設置の場合にも、機関構成は会社の重要事項ですから定款ではっきりと定めておくとよいでしょう。

また、監査役会の招集通知については、原則1週間前の通知が必要ですが、次ページの定款サンプルのように

短縮することができます。この点は、取締役会と同様です。

他方、取締役会と異なり、書面決議や決議要件の加重は会社法上認められていません。

すなわち、監査役会は実際に開催し、監査役会の決議は監査役の過半数をもって行われます。

定款のサンプル

第〇章　監査役及び監査役会

（監査役及び監査役会）

第〇条　当会社は監査役及び監査役会を置く。

・
・
・

（監査役会の招集通知）

第〇条　監査役会の招集通知は、各監査役に対し、会日の1日前までに発する。

第 8 章

委員会設置会社

Q50 委員会設置会社の概要

委員会設置会社とは何ですか？

A 委員会設置会社とは、指名委員会、監査委員会、報酬委員会という3つの委員会が設置された会社を言い、業務執行と監督とが厳格に分離された形態の会社です。

※参照条文
　会社法400条～同422条、会社法施行規則111条、同112条

委員会設置会社の組織

```
            ┌──────────┐
            │  取締役会  │
            └──────────┘
┌────────┐  ┌────────┐  ┌────────┐
│  指名   │  │  監査   │  │  報酬   │
│ 委員会  │  │ 委員会  │  │ 委員会  │
└────────┘  └────────┘  └────────┘
            ┌──────────┐
            │   執行役   │
            └──────────┘
```

解説

　通常の取締役会設置会社においては、各取締役が業務執行にあたり、その各取締役の業務執行の監督を取締役会が行います。

　しかし、これでは監督機能を果たすべき人間と業務執行機能を果たすべき人間が重複し、十分な監督機能が発揮されないと指摘されていました。

　そこで、取締役会は委員会の委員選任と執行役の選任という人的コントロールに専念し、業務執行の監督については各委員会が、実際の業務執行については執行役がそれぞれ任務を果たすという新しい会社形態が生み出されました。これが委員会設置会社です。

　この委員会設置会社は近年のコンプライアンス重視のコーポレートガバナンスに適合しているという意見もありますが、従来の取締役会設置会社においても、監督に専念する取締役と執行取締役を分離すれば、何も敢えて委員会設置会社とする必要はないという意見もあり、いずれが会社形態としてふさわしいかは一概には言えません。

Q51 委員会設置会社の定款

委員会設置会社について定款で定めておくべきことを教えてください。

A 委員会設置会社に関し定款で定めておくべき事項には、そもそも委員会設置会社を強制される場合はありませんから、委員会設置会社とする旨を定めなければなりません。
　また、委員会の委員の員数や株主による執行役の行為の差止めについて特段の定めを置くことができます。

※参照条文
　会社法326条2項、同400条、同422条

第8章　委員会設置会社

解説

　委員会設置会社に関し定款で定めておくべき事項には、そもそも委員会設置会社を強制される場合はありませんから、委員会設置会社とする旨があります。

　また、委員会の員数は最低3人必要ですが、これを増やすことは可能です。ただし、過半数は「社外取締役」でなければならないという制限がありますので、員数を増やせば、その分、社外取締役を確保しなければなりません。

　委員会設置会社では業務執行を行うのは取締役ではなく執行役ですから、執行役に対して株主は行為の差止を行うことができます。以下の定款サンプルは、公開会社の例です。株式譲渡制限会社では、保有期間制限はありません。

定款のサンプル

第○章　委員会設置会社

（委員会の設置）

第○条　当会社は、指名委員会、監査委員会、及び報酬委員会を置く。

（委員の員数）

第○条　各委員会の委員の員数は、5名以内とする。

（株主による取締役の行為の差止め）
第○条　3ヶ月前から引き続き株式を有する株主は、執行役が当会社の目的の範囲外の行為その他法令若しくは定款に違反する行為をし、又はこれらの行為をするおそれがある場合において、当該行為によって当会社に著しい損害が生ずるおそれがあるときは、執行役に対し、当該行為をやめることを請求することができる

第 9 章

▶役員等の損害賠償責任

52 取締役会による一部免除

取締役会の判断で役員の損害賠償責任を一部免除できるようにしたいのですが、どうしたらよいですか？

A 役員の任務懈怠による損害賠償責任の一部免除については、株主総会特別決議が必要であるのが原則です。しかし、監査役設置会社または委員会設置会社においては、一定の条件下で取締役会決議により、その責任を一部免除することができる旨を定款で定めることができます。

※参照条文
　会社法426条1項、同425条1項、同309条2項8号、同426条5号、同911条3項23号

解説

　取締役等の役員が任務を怠り、それにより会社に損害を与えた場合には、損害賠償責任が生じますが、全部免除については、総株主の同意が必要です。
　一部免除については、株主総会特別決議が必要であるのが原則ですが、①監査役設置会社または委員会設置会

社においては、②当該役員が職務を行うにつき善意かつ無重過失で、③「イ　責任の原因となった事実の内容」、「ロ　当該役員の職務の執行状況」、「ハ　その他の事情」を勘案して特に必要と認める場合には、取締役会決議により、その責任を一部免除することができる旨を定款で定めることができます。

　一部免除の額ですが、代表取締役は年収の6年分、取締役は4年分、社外取締役、会計参与、監査役は2年分を損害賠償額から控除した額を限度とされていますので、たとえば取締役であれば、年収4年分を支払えば許してもらえるということになります。

定款のサンプル

（役員の損害賠償責任の免除）
第○条　当会社は、取締役会決議によって、会社法423条1項による役員の責任について、同法426条の規定の要件を満たす場合には、同法425条1項の規定により免除することができる額を限度として免除することができる。

53 責任限定契約

外部の人に社外取締役に就任してもらおうと思っていますが、その人の責任をなるべく少なくしてあげるためには、どうしたらよいですか？

A 社外取締役、社外監査役、会計参与または会計監査人の任務懈怠による損害賠償責任については、当該社外取締役等が職務を行うにつき善意かつ無重過失であれば、定款で定めた額の範囲内で予め会社が定めた額と最低責任限度額とのいずれか高い額を限度とする旨の契約を社外取締役等と締結することができる旨を定款で定めることができます。

※参照条文
　会社法427条1項、911条3項24号

解説

社外取締役等については、一部免除規定もありますが、これらの者は、社内取締役に比べて会社の事情を把握しにくい立場にあることを考慮して、さらに下記の定款サンプルにあるような責任限定契約を結ぶことができます。

ちなみに、この責任限定契約は登記事項です。

定款のサンプル

（責任限定契約）

第○条　当会社は、社外取締役、社外監査役、会計参与又は会計監査人（以下「社外取締役等」という）との間で、会社法423条1項の責任について同法427条の規定の要件を満たす場合には、次に定めた額と会社法の規定による最低責任限度額とのいずれか高い額を限度とする旨の契約を締結することができる。

一　社外取締役　　○○円
二　社外監査役　　○○円
三　会計参与　　　○○円
四　会計監査人　　○○円

第10章

会社の計算

54 会計帳簿閲覧請求

株主が会社の状況を把握しやすいように、会計帳簿の閲覧請求をしやすくしたいのですが、どうしたらよいですか？

A 総株主の議決権の３％以上の議決権（議決権割合）を有する株主または発行済み株式の３％以上の数の株式（個数割合）を有する株主は、株式会社の営業時間内に、いつでも会社に対して会計帳簿の閲覧請求をすることができますが、定款で議決権割合、個数割合を低くすることができます。

※参照条文
　会社法433条

解説　株主の経理監査権限の１つとして、会社法上、会計帳簿閲覧請求権がありますが、その濫用を懸念して、これは一定の株式を有している株主でないと行使できません。
　そこで、どの程度有していなければならないかが問題ですが、原則として総株主の議決権の３％以上の議決権（議決権割合）を有する株主または発行済み株式の３％

以上の数の株式（個数割合）を有することが必要とされています。

　定款で、議決権割合、個数割合を下げれば下げるほど、株主の経理監査権限は強化されます。

　なお、従来は「株主が不適当な時に閲覧請求したとき」は、会社は閲覧を拒否できるとされていましたが、この要件は削除されました。

定款のサンプル

（会計帳簿の閲覧等の請求）

第◯条　総株主（株主総会において決議をすることができる事項の全部につき議決権を行使することができない株主を除く)の議決権の100分の1以上の議決権を有する株主又は発行済み株式（自己株式を除く）の100分の1以上の数の株式を有する株主は株式会社の営業時間内は、いつでも会社法433条1項各号に掲げる請求をすることができる。この場合においては、当該請求の理由を明らかにしなければならない。

55 決算公告の方法

官報または新聞での決算公告をやめたいのですが、どうしたらよいですか？

A 　会社法では、すべての株式会社は決算公告を行う義務があるとされていますが、有価証券報告書の提出が義務づけられている会社及びインターネット上に貸借対照表等を掲示している会社は、公告を行う必要はありません。

※参照条文
　会社法440条、会社計算規則175条、会社法911条3項27号

大会社は貸借対照表及び損益計算書の要旨を、中小会社（大会社以外の会社）は貸借対照表の要旨を官報等で公告する必要がありますが、インターネット上のウェブサイトに5年間貸借対照表及び損益計算書（中小会社の場合には貸借対照表）を表示している場合には、このような公告をする必要はありません。

なお、当該ウェブサイトのアドレスは登記事項とされています。

また、証券取引法上の有価証券報告書の提出が義務づけられている会社は、このようなインターネット上の表示がなくても、公告は不要とされています。

※**決算公告義務**
①公告義務のない会社
・特例有限会社
・ウェブサイト表示会社
・有価証券報告書提出会社

②公告内容
・大会社……貸借対照表の要旨、損益計算表の要旨
・中小会社…貸借対照表の要旨

③ウェブサイト表示内容（5年間表示）
・大会社……貸借対照表、損益計算表
・中小会社…貸借対照表

Q56 計算書類

会社法における計算書類について教えてください。

A

従来「計算書類」というのは、一般的には貸借対照表、損益計算書、営業報告書、利益処分案（損失処理案）を指すものとされてきましたが、会社法では、「計算書類」の定義規定が置かれ、これによると計算書類とは、「貸借対照表、損益計算書その他株式会社の財産及び損益の状況を示すために必要かつ適当なものとして法務省令で定めるもの」とされています。

※参照条文
　会社法435条2項、会社計算規則91条1項

解説

　会社はその事業年度ごとに、「計算書類」、「事業報告」、及び「これらの附属明細書」を作成して監査役（監査役会及び会計監査人）の監査を受けて、これを取締役会で承認して、「計算書類」及び「事業報告」を定時株主総会に提出した上で、「計算書類」の承認を得なければなりません。

ここで、その承認を受けるべき「計算書類」とは何かが問題となりますが、会社法は、「貸借対照表、損益計算書その他株式会社の財産及び損益の状況を示すために必要かつ適当なものとして法務省令で定めるもの」と規定しています。

　法務省令で定めるものとは、「株主資本等変動計算書及び個別注記表」を指します。

　「株主資本等変動計算書」とは、資本金、準備金等の「資本の部」に属する項目の期中変動を表示するものです。

　従来、「営業報告書」は「計算書類」に含めて考えられてきましたが、これは必ずしも会社の計算に関するものとは限らないため、会社法では「事業報告」と名称を変えて、「計算書類」には含めないこととされました。

　また、「利益処分案（損失処理案）」は、剰余金の配当が必ずしも、年に1回の決算時に行われることとは限らなくなりましたので、決算時の必須作成書類ではなくなりました。

計算書類の範囲
従来…貸借対照表、損益計算書、営業報告書、利益処分
　　　案（損失処理案）
現在…貸借対照表、損益計算書、株主資本等変動計算書

※利益処分案（損失処理案）はなくなった
※営業報告書は事業報告となり計算書類には含まれなくなった

57 中間配当

取締役会の判断で、中間配当を行いたいのですが、どうしたらよいですか。

A 取締役会設置会社は、一事業年度の途中において一回に限り取締役会の決議によって剰余金の配当（配当財産が金銭であるものに限る）をすることができる旨を定款で定めることができます。

このような配当を「中間配当」と言います。

※参照条文
会社法454条5項

解説

　従来から、会社は中間配当を株主総会決議でなく、取締役会の判断で行うことができましたが、会社法においても、中間配当はもちろん可能です。

　下記の定款サンプルに「配当財産が金銭であるものに限る」とありますが、会社法においては現物配当も可能であるところ、中間配当はあえて現金でのみ行えることを明示したものです。

　なお、第10章59にあるように、随時配当を定めた場合には、そもそも取締役会の判断でいつでも剰余金の配当ができますので、中間配当の定めは無意味となります。

定款のサンプル

（中間配当）

第○条　当会社は、取締役会の決議により、毎年○月○日現在の株主名簿に記載又は記録されている最終の株主又は登録株式質権者に対し、会社法454条5項に定める剰余金の配当（配当財産が金銭であるものに限る）をすることができる。

Q58 準備金の減少

取締役会の判断で、準備金の減少を行いたいのですが、どうしたらよいですか？

A 会社法では、準備金を減少する場合には、株主総会決議（普通決議）が必要とされていますが、株式の発行と同時に準備金の額を減少する場合において、当該準備金の額の減少効力が生ずる日後の準備金の額が当該日前の準備金の額を下回らない場合には、取締役役会の決議によって準備金を取り崩すことができます。

※参照条文
会社法448条3項、同条1項、同445条2項、同449条

解説

　株式発行の際の払込額の2分の1までの額は資本金としないことが認められますが、その場合には、残りは資本準備金としなければなりません。
　したがって、たとえば1000万円の払い込み金額があった場合には、500万円を資本金、500万円を資本準備金とすることができますが、それまでにすでに準備金

第10章 会社の計算

解説

が2000万円あった場合には、合計で準備金は2500万円となります。

しかし、この増加分の500万円を配当に回したいと考えた場合には、準備金を減少させることが必要ですが、会社法の原則でいくと株主総会普通決議が必要となってしまいます。しかし、準備金は相変わらず2000万円はあるのだから、そこまで厳格な手続き規制は不要だという趣旨で、この場合に限り、取締役会決議で準備金減少ができるとされました。

ただし、この場合であっても、債権者保護手続きは必要です。

取締役会決議による準備金減少

1000万払込
（2分の1は資本金としない）

取り崩し

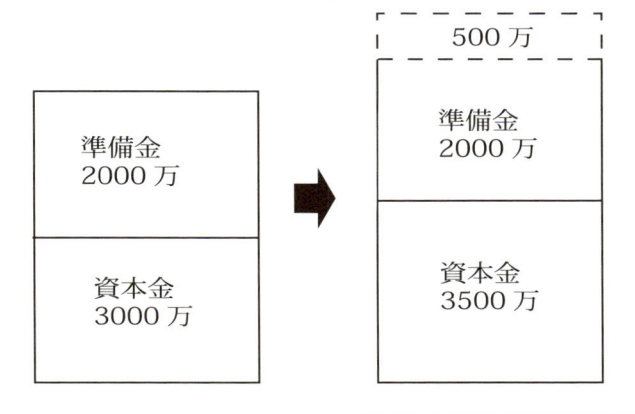

```
                              ┌─ 500万 ─┐
                              └ ─ ─ ─ ─ ┘
┌─────────────┐           ┌─────────────┐
│             │           │   準備金    │
│   準備金    │           │   2000万    │
│   2000万    │    ➡      │             │
│             │           ├─────────────┤
├─────────────┤           │             │
│   資本金    │           │   資本金    │
│   3000万    │           │   3500万    │
└─────────────┘           └─────────────┘
```

59 随時配当

取締役会の判断で、利益があがったときに、随時、配当をすることができるようにしたいのですが、どうしたらよいですか？

A 会社法では、監査役会及び会計監査人設置会社（取締役の任期が1年以内に限ります。）及び委員会設置会社は、取締役会の決議により、随時、剰余金を配当することができる旨を定款で定めることができます。

※参照条文
　会社法459条1項、同条2項、会社計算規則183条、同154条1項2号イ、会社法460条1項

従来は、取締役会の決議による配当は、中間配当のみでしたが、会社法では監査役会及び会計監査人設置会社（取締役の任期が1年以内に限ります）及び委員会設置会社は、取締役会の決議により、随時、剰余金を配当することができる旨を定款で定めることができます。

　ただし、①会計監査報告が無限定適正意見であること、②監査役会または監査委員会の監査報告書に会計監査人の監査の方法または結果を相当でないと認める意見（意見の付記を含む）がないこと等が必要です。

　随時配当をすることにメリットを感じない会社も多いかと思いますが、次ページ定款サンプルにあるように、たとえば配当に関する決議を取締役会マターとし、株主総会では扱わない旨の定款を定めると、株主総会で配当に関する議案を扱わなくてすむことになります。したがって、株主の側から配当議案の提出も制限されることになります。

　株主の利益配当請求権が重要であることは言うまでもありませんが、無茶な要求が出ていつも株主総会が荒れるというような場合には、次ページ定款サンプルのような定款変更も考慮に値するでしょう。

定款のサンプル

（剰余金の配当等）

第○条　当会社は、取締役会が、会社法459条1項に掲げる事項を定めることができる。

　　2　当会社は、取締役会の決議により、毎年○月○日現在の株主名簿に記載又は記録されている最終の株主又は登録株式質権者に対し、剰余金の配当（配当財産が金銭であるものに限る）をすることができる。

　　3　当会社は、会社法459条1項各号に掲げる事項を株主総会の決議によっては定めない。

第11章

持分会社（合同会社）

Q60 合同会社の概要

合同会社（LLC）とは何ですか？

A 合同会社とは、有限責任であるにもかかわらず、株式会社のように所有（株主）と経営（取締役）が分離していない持分会社を言います。

※参照条文
　会社法575条～同613条、会社法施行規則159条～同161条

第 11 章　持株会社（合同会社）

> 従来から、合名会社といって、出資者がそのまま業務執行にあたる（金も出すが、経営に口も出す）会社の形態が存在していましたが、この合名会社のデメリットは、無限責任といって、たとえ会社の債務であっても、出資者（持分権者）個人も連帯責任を負わなければならないという点でした。
>
> そこで、会社法ではこのような合名会社のデメリットである無限責任を有限責任（会社の債務については持分権者は責任を負わないという限定責任）とする合同会社という新しい会社の形態が認められることになりました。
>
> なお、有限責任事業者組合法によりLLPという組織（合同会社と同じ有限責任）が認められていますが、これは、あくまでも組合であって、法人格はありません。
>
> このLLPとLLCの比較は、下図のとおりです。

LLPとLLCの比較

	LLP	LLC
根拠法	有限責任事業組合契約に関する法律	会社法
法人格	なし ※したがって、不動産の登記名簿などをLLP名義で行うことはできない	あり
課税	パススルー課税 ※組合自体には課税されず、組合員各自の所得として課税される	法人課税、所得課税 ※LLC自体の所得に法人課税がなされるほか、社員に配当がなされた場合には所得課税もなされる

Q61 合同会社の原始定款

合同会社（LLC）の設立時には定款をどのように作成したらよいですか？

A 合同会社においては、一旦、定款を作成した後は、原則として、総社員の同意が必要となりますが、これから最初の定款を作成しようという場合には発起人が好きなように定款を作成できます。

※参照条文
会社法576条、同577条、同637条

解説

合同会社も株式会社と同様に、原始定款でどこまで定めておくかが極めて重要です。

定款の絶対的記載事項のほかは、任意的記載事項として、会社の規定に違反しないかぎり、自由にいろいろな約束ごとを記載することができます。

定款のサンプル

（商号）
第〇条　当会社は〇〇という。
（本店の所在地）
第〇条　当会社は本店を〇〇に置く。
（目的）
第〇条　当会社は次の事業を営むことを目的とする。
　　　　一　〇〇
（会社の社員）
第〇条　当会社の社員は次のとおりとする。
　　　　一　甲野太郎
　　　　　　住所　〇〇
　　　　二　乙野次郎
　　　　　　住所　〇〇
（社員の責任）
第〇条　当会社の社員の全部を無限責任社員とする。
（出資の目的及びその価額）
　　　　一　甲野太郎
　　　　　　金　５００万円
　　　　二　乙野次郎
　　　　　　自動車　〇〇　５００万円

Q62 持分会社の持分譲渡

持分会社の持分譲渡について教えてください。

A 持分会社の社員は、他の社員の全員の承諾がなければ、その持分の全部または一部を他人に譲渡することができないのが原則ですが、業務を執行しない有限責任社員は、業務を執行する社員の全員の承諾があるときは、その持分の全部または一部を他人に譲渡することができますし、また、定款で持分の譲渡について別段の定めを置くこともできます。

※参照条文
会社法585条〜同587条

解説

　持分会社では、社員は原則として、業務に関与するので、信頼関係に基づかない社員が会社に入ってくるのを防止するため、社員は他の社員の全員の承諾がなければ、その持分を他人に譲渡することができません。
　したがって、会社の業務を担当する社員が予め限定されている場合には、それらの業務執行社員が承諾すれば、

> **解説**
>
> 　業務執行に関わらない社員の持分を譲渡することもできます。
> 　また、持分会社は株式会社以上に定款自治が強く認められていますから、定款サンプルのように持分譲渡について自由に定めることも可能です。
> 　なお、持分会社自体はその持分の全部または一部を譲り受けることができず、何かの事情で持分会社が当該持分会社の持分を取得した場合には、当該持分は消滅するとされています。

定款のサンプル

（持分の譲渡）
第○条　社員は、業務を執行する社員の過半数の承諾があるときは、その持分の全部又は一部を他人に譲渡することができる。

Q63 持分会社の業務執行

持分会社の業務執行について教えてください。

A 持分会社の業務執行については、原則として、社員それぞれが業務執行権限を有しますが、定款で業務を執行する社員を定めることができます。

※参照条文
会社法590条～同602条

解説

「金も出すが、口も出す」という持分会社の性質上、社員は定款に別段の定めがある場合を除き、原則として業務執行権を有します。また、持分会社の業務を執行する社員が二人以上ある場合には、持分会社の業務は定款に別段の定めがある場合を除き、社員の過半数をもって決定します。

しかし、「金は出すけど口を出すのは面倒だ」という社員もいますので、定款で業務執行権を有する社員を限定することができます。そして、業務執行権を有する社員を限定した場合には、業務に関する決定はこの業務執行社員の過半数で決定するのが原則となります。

第 11 章 持株会社（合同会社）

> **解説**
>
> 　もちろん、業務執行社員の「3分の1の多数」とか、「全員一致」のように定款で別段の定めを置いても構いません。
> 　ちなみに、各社員は持分会社の業務を執行する権利を有しないときであっても、その業務及び財産の状況を調査することができます。

定款のサンプル

　第○章　業務の執行
　（業務を執行する社員）
　第○条　当会社の業務を執行する社員は次の者とする。
　　　一　甲野太郎
　　　二　乙野次郎
　　　三　丙野三郎
　　2　当会社の業務は、業務を執行する社員の過半数をもって決定する。

Q64 持分会社の社員の退社

持分会社の社員の退社について教えてください。

A 持分会社の社員の退社には、任意退社と法定退社があり、いずれについても、定款で特別の定めを置くことができます。

※参照条文
会社法606条〜同609条

解説

　持分会社の社員の退社には、任意退社と法定退社があります。任意退社は社員が退社予告をして自らの意思で退社するものであり、法定退社は法定（定款）の事由の発生により、当然退社となるものです。

　任意退社については、持分会社の存続期間を定款で定めなかった場合、またはある社員の終身の間持分会社が存続することを定款で定めた場合には、各社員は事業年度の終了の時において退社できます。

　法定退社については、会社法上は「総社員の同意」、「死亡」、「合併（合併により当該法人である社員が消滅する場合に限る）」、「破産手続開始の決定」、「解散（前二号に掲げる事由によるものを除く）」、「後見開始の審判を受けたこと」、「除名」が挙げられていますが、定款でその他退社事由を自由に定めることができます。

　次ページの定款サンプルの「日本国の法令の規定に違反し、禁固以上の刑に処せられたこと」は本書オリジナルの例です。

定款のサンプル

第○章　社員の退社

（法定退社）

第○条　社員は、会社法606条、609条1項、642条2項及び第845条の場合のほか、次に掲げる事由によって退社する。

一　日本国の法令の規定に違反し、禁固以上の刑に処せられたこと
二　総社員の同意
三　死亡
四　合併（合併により当該法人である社員が消滅する場合に限る。）
五　破産手続開始の決定
六　解散（前二号に掲げる事由によるものを除く）
七　後見開始の審判を受けたこと
八　除名

第12章

会社法施行に伴う会社の取扱い

65 みなし定款規定の概要

みなし定款規定とは何ですか？

A みなし定款規定とは、会社法が施行されるにあたり、これまでの有限会社及び株式会社において設けられていた定款を会社法の下でも存続させるための規定をいいます。

※参照条文
　整備法52条、同53条、同57条、同76条、同80条

第12章 会社法施行に伴う会社の取扱い

解説

これまでは、有限会社については「有限会社法」という法律が、株式会社については「商法」という法律がありましたが、これからは、すべての会社は「会社法」という規制の下に存続することになります。

とはいえ、これまでにすでに設立されている会社を一度解散して、新たに会社法の下で設立させるというわけにはいきませんので、有限会社法または商法の下で設立された会社を、会社法においても連続的に存続させるために整備法という法律が、会社法と同時に制定されました。

そして、この整備法において、すでに「旧法の下での定款」において記載されている事項は、「会社法の下での定款」に記載されているものとみなされます。

また、一部の事項については、「旧法の下での定款」において記載されて『いない』事項であっても、「会社法の下での定款」に記載されているものとみなされます。

みなし定款規定

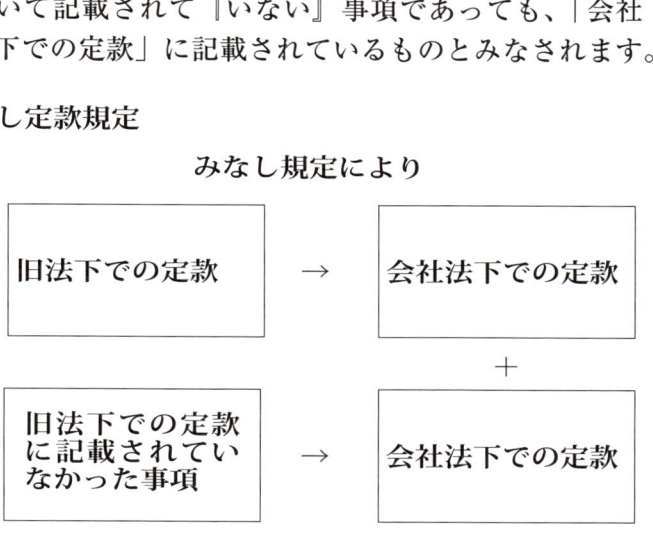

みなし規定により

| 旧法下での定款 | → | 会社法下での定款 |

＋

| 旧法下での定款に記載されていなかった事項 | → | 会社法下での定款 |

Q66 会社法施行に伴う旧有限会社の取り扱い

特例有限会社とは何ですか？

A 　有限会社法は廃止され、会社法の施行後は、有限会社を設立できなくなりますが、会社法施行の時点においてすでに設立されている有限会社は、会社法施行後は、会社法上の株式会社とみなされて存続し、この旧有限会社を「特例有限会社」と言います。

※参照条文
　整備法2条〜同44条、同45条

解説

　会社法施行後は、有限会社法は廃止され、有限会社が設立できなくなります。
　そこで、整備法においては、旧有限会社については、会社法上の株式会社として存続させるとしています。
　しかし、有限会社法下で設立された有限会社と会社法上の株式会社とでは、いろいろな点で規制が異なりますので、少なくとも旧有限会社の規制に従っていれば、会社法上もこれまでと変わりなく存続できるように、整備法がいろいろ会社法の特別（例外）規定を設けています。
　なお、旧有限会社はこのように特例有限会社として存続することもできますが、通常の株式会社に移行することも簡単にできます。

特例有限会社の取扱い
・特例有限会社においては、「○○有限会社」という商号を用いる
・特例有限会社の株主総会特別決議の要件は、原則として、総株主の半数以上であって当該株主の議決権の4分の3以上の多数が必要である
・特例有限会社においては、取締役及び監査役以外の機関の設置を認めない
・大会社である特例有限会社には会計監査人設置義務はない
・特例有限会社の取締役及び監査役に任期の制限はない
・特例有限会社の監査役の監査権限は、会計に関するものに限られる
・特例有限会社には決算公告義務はない

67 株式譲渡制限会社のみなし定款

株式譲渡制限会社のみなし定款について教えてください。

A 会社法施行前より設立されている株式譲渡制限会社の定款の記載内容は、会社法施行後に設立された会社の定款の記載内容とみなされ、さらに、同定款に記載されていない事項であっても、定款に記載されているとみなされる事項があります。

※参照条文
　整備法53条、同76条、同80条

会社法施行前より設立されている株式譲渡制限会社を会社法に適合して存続させるため、会社法施行前より設立されている株式譲渡制限会社の定款の記載内容は、会社法施行後に設立された会社の定款の記載内容とみなされます。

　また同様に、同定款に記載されていない事項であっても、定款に記載されているとみなされる事項があります。

※会社法施行前より設立されている株式譲渡制限会社の定款に記載されていない事項であっても、定款に記載されているとみなされる事項

・その発行する全部の株式の内容として譲渡による当該株式の取得について当該株式会社の承認を要する旨
・取締役会を置く旨
・監査役を置く旨
・株券を発行する旨
・株主名簿管理人を置く旨

【小会社（会社法施行時に資本金1億円未満かつ負債200億円未満の会社】

・監査役は会計に関するものに限り行う旨

Q68 公開会社等のみなし定款

公開会社等のみなし定款について教えてください。

A 会社法施行前より設立されている公開会社等の定款の記載内容は、会社法施行後に設立された会社の定款の記載内容とみなされ、さらに、同定款に記載されていない事項であっても、定款に記載されているとみなされる事項があります。

※参照条文
　整備法52条、同57条、同76条、同80条

解説

　会社法施行前より設立されている公開会社を会社法に適合して存続させるため、会社法施行前より設立されている公開会社等の定款の記載内容は、会社法施行後に設立された会社の定款の記載内容とみなされます。

　また、同様に、同定款に記載されていない事項であっても、定款に記載されているとみなされる事項があります。

※会社法施行前より設立されている公開会社等の定款に記載されていない事項であっても、定款に記載されているとみなされる事項

①大会社
・監査役及び監査役会を置く旨
・会計監査人を置く旨

②委員会設置会社
・指名委員会、監査委員会及び報酬委員会を置く旨
・会計監査人を置く旨
・会社法459条1項2号から4号までに掲げる事項を取締役会が定めることができる旨に及び当該事項を株主総会決議によっては定めない旨

③共通（中小会社含む）
・取締役会を置く旨
・株券を発行する旨
・株主名簿管理人を置く旨

◆著者紹介
小澤和彦（おざわ・かずひこ）
1994年早稲田大学政治経済学部経済学科中退後、特許事務所勤務。ソフトウェア会社勤務を経て、1997年弁理士試験合格、1999年特許事務所設立。2003年司法試験合格。現在、第二東京弁護士会所属、弁護士（ひかり総合法律事務所）。業務分野は、主に企業法務、知的財産。著書に『新・会社法で会社と仕事はどうなる？』（弘文堂）。

ひかり総合法律事務所
〒105-0001 東京都港区虎ノ門2-3-22 第1秋山ビルディング6F
TEL 03-3597-8701

視覚障害その他の理由で活字のままでこの本を利用出来ない人のために、営利を目的とする場合を除き「録音図書」「点字図書」「拡大図書」等の製作をすることを認めます。その際は著作権者、または、出版社までご連絡ください。

Q&A　新会社法の定款変更手続き

2006年5月8日　初版発行
2006年5月17日　2刷発行

著　者　小澤和彦
発行者　仁部　亨
発行所　総合法令出版株式会社
　　　　〒107-0052　東京都港区赤坂1-9-15
　　　　日本自転車会館2号館7階
　　　　電話　03-3584-9821（代）
　　　　振替　00140-0-69059
印刷・製本　中央精版印刷株式会社

ISBN4-89346-960-6
Ⓒ Kazuhiko Ozawa 2006
Printed in Japan
乱丁・落丁本はお取り替えいたします。
総合法令出版ホームページ　http://www.horei.com